pêche en norvège

10 PRODUITS / 30 RECETTES

[mer de Barents]
Honningsvåg
Tromsø
Narvik
ILES
LOFOTEN
RUSSIE
Bodø
CERCLE POLAIRE ARCTIQUE
[mer de Norvège]
SUÈDE
Trondheim
FINLANDE
[golfe
de Botnie]
NORVÈGE
Bergen
Øslo
Stavanger
[mer Baltique]
[mer du Nord]

COLLECTION
[LE GOÛT DU VOYAGE]

pêche en norvège

10 PRODUITS / 30 RECETTES

TOM HAGA MICKAËL FÉVAL

DIRECTION ARTISTIQUE **STÉFAN**
PHOTOS **TOM HAGA**
STYLISME **ORATHAY SOUKSISAVANH**
TEXTES **GILLES BROCHARD** & **EMMANUELLE JEU**

HINOKI ÉDITEUR

sommair[e]

SAUMON [P. 72]

CABILLAUD [P. 78]

LIEU NOIR [P. 84]

ÉGLEFIN [P. 90]

TRUITE DES FJORDS [P. 96]

FLÉTAN BLANC [P. 102]

CREVETTE NORDIQUE [P. 109]

SAINT-JACQUES [P. 116]

CRABE ROYAL [P. 122]

TOURTEAU [P. 128]

LA CUISINE [TOUT PARTAGER AVEC SON ÉQUIPE]

PAR **DOMINIQUE LOISEAU**
LE RELAIS BERNARD LOISEAU [3 ÉTOILES MICHELIN]

Mickaël Féval fait partie de ces cuisiniers dont on garde un très bon souvenir. En effet, il nous a tous marqués par sa bonne humeur, cette forme de jeunesse insouciante qui a envie de tout bousculer, mais clairement dominée par la passion pour la cuisine. Mickaël a tout de suite adhéré à l'esprit d'équipe qui régnait autour de Bernard.
Il a commencé en tant que chef de partie « garde-manger », puis il est passé à la partie « poissons », et enfin au poste « viandes ». Il s'intéressait à tout et manifestait un grand intérêt pour les produits, les artisans et tous les autres fournisseurs. Il aimait aussi participer à toutes sortes de prestations effectuées pour des évènements précis ; comme un grand repas que nous avons organisé au Château de Meursault, une soirée pour Children of Africa à Paris, les 100 ans du Fouquet's... Pour ce genre d'évènement, Mickaël savait s'adapter et gérer les imprévus.
Être aux côtés de Bernard Loiseau, c'était aussi participer directement à l'aventure de toute la maison. Car Bernard partageait tout avec son équipe, ses défis, ses projets, et ses soucis aussi. Après 20 mois passés chez nous, Mickaël a diversifié son parcours en choisissant d'excellentes maisons, ce qui lui a permis d'appréhender tous les aspects du métier et tracer sa voie. Par ailleurs, à la recherche de nouveaux challenges, il n'a pas hésité à participer à différents concours culinaires et en a réussi brillamment de prestigieux. Ce qui traduit la volonté évidente de se surpasser, de se confronter aux meilleurs. Il réalise ainsi un parcours qui confirme ce qui a été décelé en lui par Bernard et Patrick Bertron.

Bravo Mickaël, étonnez-nous encore et vive la cuisine !
Dominique Loiseau

[WWW.BERNARD-LOISEAU.COM]

PÊCHE DURABLE, AQUACULTURE [ET ENVIRONNEMENT NATUREL]

Avec 40 000 espèces répertoriées de poissons, de plantes, d'insectes et d'oiseaux, la Norvège dispose de ressources naturelles extrêmement précieuses. La prise de conscience qu'il fallait protéger cette richesse, et en particulier ses réserves halieutiques, a eu lieu très tôt dans le pays, dès le milieu du XIXe siècle. C'est à cette époque qu'apparaissent les premières réglementations modernes de la pêche et les premières expériences d'élevage. Depuis, développement de l'aquaculture et réglementations strictes imposées au secteur de la pêche sont allés de pair, dans l'optique de protéger l'environnement et de gérer durablement les ressources.

La Norvège a connu ses premières réussites en aquaculture au début du XXe siècle, avec les élevages du saumon et de la truite arc-en-ciel. Devenue par la suite le leader mondial de l'élevage du saumon, elle est une nation pionnière dans le développement de l'aquaculture, activité de pointe qui draine un large ensemble de compétences de haut niveau, dans les domaines de l'éthologie, de la biologie marine et de la technologie. La qualité des fermes aquacoles dépend de l'environnement dans lequel elles sont implantées : en plein cœur des fjords, où les eaux ne gèlent jamais grâce aux courants du Gulf Stream, elles bénéficient d'un espace naturel intact. La santé des poissons, la qualité de leur nourriture et la pureté de l'eau sont soumises à des exigences draconiennes. Les licences accordées aux fermes aquacoles sont délivrées par l'État, en nombre restreint et uniquement si elles sont intégrées à l'environnement et respectent celui-ci.
La pêche est, quant à elle, réglementée par un système de quotas et de concessions basés sur les recommandations du CIEM, une communauté internationale de chercheurs[1]. Ils sont accordés en fonction des espèces pêchées[2] et du type de matériel utilisé : les techniques intensives sont limitées afin d'éviter la surpêche ou la destruction des fonds marins. Le *Norwegian directorate of fisheries*[3] soumet les bateaux norvégiens et étrangers à des inspections strictes des gardes-côtes, aussi bien en mer qu'au moment du débarquement de la pêche.

Signalons pour finir que la politique norvégienne vis-à-vis de la mer et de ses ressources a toujours été régie par le principe de précaution. En outre, tous les produits de la pêche et de l'aquaculture sont garantis par un système rigoureux de traçabilité, et doivent répondre à des normes de qualité très élevées fixées par la Norvège, plus strictes encore que celles fixées par l'Union européenne. Ces normes sont telles que les produits norvégiens ont obtenu nombre de labels et de certifications internationaux, comme le Label rouge français, la certification « bio » ou l'écolabel MSC. L'une des plus importantes organisations de protection de l'environnement, le WWF (World wide fund for nature), reconnaît également la réussite de la politique norvégienne en matière de pêche durable. Elle la promeut comme modèle en inscrivant, entre autres, le cabillaud de Norvège sur la « liste verte » de son guide du consommateur.

NOTES

[1] Le CIEM, Conseil international pour l'exploration de la mer, est le plus ancien organisme international de recherche sur l'environnement marin. Réunissant environ 1 200 chercheurs et experts, il contribue à l'étude scientifique des ressources marines.

[2] À titre d'exemple, les quotas de pêche pour le hareng et le capelan sont limités, afin d'assurer une ressource alimentaire suffisante au cabillaud sauvage. La sauvegarde des espèces passe aussi par la protection des poissons les plus jeunes, afin de ne pas entraver le renouvellement des populations.

[3] Agence gouvernementale dépendant du ministère de la Pêche norvégien.

histoire[s] entre terre et ciel

VOYAGE EN NORVÈGE
où la mer rencontre la montagne

1] UN ESPACE NATUREL INTACT

Le surgissement des montagnes s'apaise dans le miroir immobile d'une mer étale : on vient de poser le pied en Norvège, l'un de ces pays au climat rude qui fascinent l'homme du Sud, secrètement amoureux des territoires vierges, accidentés et sauvages. Ici règne en maître le contraste entre douceur et violence. Douceur de vivre d'un peuple de pêcheurs, qui n'en a pas moins conquis l'Europe, « *lançant skeids, drekis et snekkjurs (vaisseaux-serpents) sur la Frise qu'ils ravagent, sur Jumièges et Rouen qu'ils pillent, sur Lisbonne et Séville qu'ils enlèvent aux Musulmans, sur Paris qu'ils assiègent*[4] ». C'est un pays d'eau et de lumière, d'un abord impassible et imperturbable avec ses montagnes qui couvrent les trois quarts du territoire. Mais si, sur l'étroite bande côtière prise entre les infinis du ciel et de la mer, on tend un peu l'oreille, on entendra le chant des colonies d'oiseaux de mer abritées par les îles ; et si l'on se penche un peu pour voir ce qui se trame sous la surface de ces eaux froides, on découvrira des espèces de poissons, de crustacés et de plantes par milliers. On prendra garde cependant, si l'on pousse un peu plus loin jusqu'aux îles Lofoten, à ne pas sombrer dans les courants du *Moskenstraumen*[5], le maelstrom des Lofoten, l'un des plus forts courants de marée du monde, dont a parlé Edgar Allan Poe dans sa nouvelle parue dans *Histoires extraordinaires*.

LE ROYAUME DES POISSONS

La géographie et le climat norvégiens, pour contraignants qu'ils soient, sont exceptionnels. Dans la partie la plus septentrionale du pays, située bien au-delà du cercle polaire arctique, on vit au rythme du soleil de minuit et des aurores boréales. Ici, le soleil ne se lève pas de la moitié de l'année que dure la nuit polaire, et ne se couche jamais en été ; mais à ce moment-là, la lumière est d'une intensité incroyable, comme en ont témoigné en leur temps les peintres symbolistes des années 1880, et les photos de Tom Haga dans ce livre. Longée au nord par la mer de Barents, à l'ouest par la mer de Norvège, et au sud par la mer du Nord, la Norvège compte 21 000 km de côtes, 83 000 en incluant les îles : c'est dire le nombre d'îles et de fjords qui bordent le littoral, l'un des plus longs et des plus accidentés au monde. Et l'un des plus riches, avec pas moins de 200 espèces de poissons et de crustacés. Les fjords sont de longues vallées escarpées qui ont été creusées par les glaciers puis envahies par la mer après le retrait de ceux-ci. Les falaises qui les bordent peuvent atteindre une altitude de plus de 1 400 m ; très profonds, jusqu'à 1 300 m au-dessous du niveau de la mer, et très longs, jusqu'à 200 km, ils ont la particularité de se composer à la fois d'eau salée en profondeur et d'eau douce en surface. En Norvège, ce sont une vingtaine de glaciers qui alimentent les fjords en eau douce.

NOTES

[4] « L'invitation au voyage », in *Les îles Lofoten*, de Michel Guillard, éditions Eric Baschet, 1979.

[5] C'est la petite île de Mosken, située au sud-ouest du principal groupe d'îles des Lofoten, qui donne son nom au phénomène.

Grâce à ces échanges entre eau douce et eau salée et à leur exposition aux courants marins, les eaux des fjords sont très oxygénées et constamment renouvelées : c'est ce qui fait la richesse de ces milieux naturels. Influencé par le Gulf Stream, le climat norvégien est particulièrement doux pour sa latitude : quand la mer Baltique, au sud de la Finlande, est prise par les glaces, les eaux norvégiennes, ne gelant pas, sont toujours navigables, et moins sujettes qu'ailleurs aux fortes variations de température. Certaines parties de la côte, comme l'Archipel de Vega non loin des îles Lofoten, ou les fjords du Sud-Ouest – le *Geirangerfjord* et le *Nærøyfjord* – sont classées au Patrimoine mondial naturel de l'humanité par l'Unesco. Si aujourd'hui la Norvège est l'un des pays les plus riches du monde[6], grâce notamment à l'industrie pétrolière, ce sont la richesse et la pureté de ses eaux qui ont historiquement fondé son développement économique et qui continuent encore à assurer la prospérité de ses communautés côtières. En effet, les premiers échanges commerciaux de poissons remonteraient à 875 avant Jésus-Christ.

2] UN PEUPLE DE PÊCHEURS

STAVANGER OU LA MÉMOIRE DES SARDINES

Située au sud-ouest du pays, la petite ville portuaire de Stavanger est aujourd'hui la capitale de l'industrie pétrolière norvégienne. Construit autour du port de Vågen au début du XIXe siècle, le quartier le plus ancien de la ville, avec ses petites rues pavées et ses cent soixante-treize maisons fleuries, aux façades en bois rouge, jaune, vert et bleu[7], a été classé au Patrimoine mondial culturel de l'humanité. Haut lieu de la gastronomie norvégienne, célébré en 2008 comme capitale européenne de la culture, ce « port ouvert » (ou « porte ouverte » en norvégien) doit sa réputation à la pêche de harengs (un record de 600 000 tonnes en 1866), mais surtout à ses conserveries de sardines. On en comptait pas moins de soixante-dix en 1870. Et la dernière conserverie en activité date de 1980. Le musée de la Conserverie (*Hermetikkmuseet*), installé dans l'une des plus performantes de l'époque, raconte l'histoire émouvante des habitants de Stavanger qui utilisaient une technique de fumage et appliquèrent le procédé des boîtes de conserve créé par Nicolas Appert en 1795, mais reconnu officiellement et mis en pratique en 1810 en France et ailleurs.

BERGEN OU LA VILLE HANSÉATIQUE

L'économie des Lofoten fut longtemps sous la dépendance des grands comptoirs exportateurs de la côte ouest de Norvège : Bergen, Kristiansund et Ålesund. Mais c'est surtout à Bergen, la deuxième ville du royaume, que l'on échangeait les cargaisons de morues contre d'autres denrées comme les céréales ou la farine ; c'est ce que l'on appelait *bergenshandelen* : les bateaux partaient fournir les comptoirs de l'Europe du Sud comme Naples et Marseille, et au retour étaient chargés de cargaisons de vin ou d'agrumes. Les représentants des maisons exportatrices installaient des comptoirs d'achat dans les îles Lofoten pendant la durée de la campagne d'hiver, principalement à Svolvær et à Henningsvær, villages de pêcheurs avec leurs entrepôts de bois sur pilotis. Au fil du temps, la plupart des infrastructures de commercialisation des produits de la mer sont devenues autonomes, même si certaines dépendent des sociétés du Sud. Ah ! la vie grouillante de Bergen, cette incontournable « porte d'entrée des fjords » ! Altière, commerciale, culturelle, la capitale du royaume jusqu'à la fin du XIIIe siècle, fut animée par

NOTES

[6] 2e rang mondial en PNB par habitant en 2009.

[7] Au moment de leur construction, au tout début du XIXe siècle, la peinture blanche était réservée aux classes les plus aisées de la population. Les pêcheurs utilisaient d'autres pigments.

[8] « La Pêche aux îles Lofoten » (*Revue de Géographie de Lyon*, vol. 41, 1966).

[9] À l'heure actuelle, les navires de pêche dans les îles Lofoten mesurent seulement entre 9 et 11 m.

la puissante et redoutée Ligue hanséatique, cette corporation médiévale de marchands qui regroupait beaucoup de villes allemandes et favorisait ainsi le commerce de la pêche et de bois résineux entre l'est et l'ouest de l'Europe du Nord, pour déjouer les ambitions de Venise, portée sur les échanges commerciaux en Méditerranée et au Moyen-Orient. La prolifération des bancs de poissons de qualité dans les fjords, préservés des houles de la haute mer, joua en faveur des ligueurs qui virent en Bergen une chance pour créer un grand port du Nord, pluvieux certes mais au climat plus doux. Comme à Stavanger, les maisons colorées installées sur les quais, pour beaucoup reconstruites après les incendies successifs – notamment celui de 1702, ont été classées au Patrimoine mondial culturel de l'humanité. Intemporelles, elles sont l'attraction de la « cité de bois », véritables témoins d'une histoire pour chaque descendant des Vikings.

LA PÊCHE DANS LES LOFOTEN

Situées à 400 km au nord du cercle polaire arctique, les îles Lofoten, riches en toutes sortes d'espèces de poissons aimantées par les grandes masses de plancton qui vivent sur la large plateforme continentale, sont l'un des hauts lieux de la pêche en Norvège : depuis le IXe siècle, on vient en effet y pêcher le poisson qui fait la fierté ancestrale des Norvégiens, le skrei. C'est le nom que l'on donne au cabillaud lorsque, entre janvier et mars, il descend de la mer de Barents jusqu'aux îles Lofoten pour s'y reproduire.
La pêche fait ici partie de la vie quotidienne, de génération en génération, comme en témoigne le musée des Lofoten à Kabelvåg où dans une ancienne pêcherie, le visiteur peut découvrir l'univers âpre des pêcheurs à travers leur panoplie : hameçons montés sur lignes, séchoirs à morues. Le musée de la Pêche (*Norsk Fiskeværsmuseum*) niché dans le village de Å i Lofoten, à l'extrémité des Moskenesøya, propose une exploration du travail des pêcheurs : hangars à bateaux, cabane de pêcheur et fabrique d'huile de foie de morue.
Chaque année, au moment de l'arrivée du skrei, une armada de bateaux de pêche envahit littéralement les Lofoten : on dit qu'en 1896, plus de 32 000 hommes participaient à la pêche au skrei, et que l'on pouvait traverser les ports sans se mouiller les pieds, simplement en passant d'un pont à l'autre. De nos jours, le nombre de pêcheurs s'élèverait à 4 000, ce qui reste un nombre remarquable, et fait de la pêche au skrei une pêche saisonnière des plus importantes. La réglementation cependant est stricte : aucun bateau ne sera autorisé à partir avant la date fixée par les autorités, de même qu'aucun outil ni aucun équipement de pêche ne devra rester en mer après la fin officielle de la pêche.
« Cette invasion saisonnière pacifique des centres de pêche des Lofoten par des foules d'hommes étrangers à l'archipel, écrit Michel Barbe[8], a nécessité la construction sur le rivage même des ports de pêche (fiskevær) de baraquements de bois peints en couleur rouge, sur pilotis et appuyés à des appontements où sont amarrés des bateaux. » On les appelle ici les *« rorbuer »*. Les navires de pêche pouvaient atteindre 25 m de long et loger jusqu'à une douzaine d'hommes à bord[9]. « Au terme de la nuit polaire, les journées passées en mer sont courtes : au début, du 16 janvier au 7 février : de 7h30 à 16h, après le 15 mars, de 6h à 20h. Ces horaires impératifs imposent une discipline dans les opérations en mer : au petit matin, le soleil bas sur l'horizon, les bateaux se hâtent à sortir du port, prêts à se rendre sur leurs fonds de pêche. La première journée pour les pêcheurs à la palangre et au filet consiste à immerger les engins et à rentrer au port : les morues ne se prenant que la nuit. » La mer des Lofoten est connue pour se faire houleuse, véhémente et indomptable, des eaux noires qui semblent bouillir au creux des vagues de 12 m « fouettées par une ingouvernable furie », comme l'écrivait E. A. Poe.

[LIRE LA SUITE P. 34]

STOKKFISK

Il ne fait pas assez chaud en Norvège pour récolter du sel.
À l'époque des Vikings, au VIIIe siècle, le sel était une denrée extrêmement chère.
C'est pourquoi le cabillaud était séché à l'air libre. Le cabillaud séché prend le nom de *stockfish*, *stokkfisk* en norvégien, en raison de sa raideur et de sa dureté : le terme norvégien *stokk* renvoie aux grands séchoirs en bois, où était suspendu le cabillaud. Ce sont les Espagnols et les Portugais qui ont plus tard appris aux Norvégiens les techniques de salaison du cabillaud : séché et salé, on l'appelle *klippfisk*.

PHOTOS

Chaque année, au moment de l'arrivée du skrei, une armada de bateaux de pêche envahit littéralement les Lofoten.

M·200·K

H-200-K

KLIPPFISK ET BACALAO

Dans les pays chauds, le salage était indispensable à la conservation du poisson. Le bacalao (cabillaud séché et salé, équivalent du klippfisk norvégien) aurait été développé au XVe siècle, sur les côtes du pays Basque. Embarqué par Christophe Colomb au moment de son départ pour le Nouveau Monde, il a ainsi été introduit à Cuba, en République dominicaine et au Brésil, qui en sont aujourd'hui encore de grands consommateurs. Au XVIIe siècle, le Néerlandais Jappe Ippes découvrit dans le klippfisk des îles Lofoten un excellent matériau de base pour le bacalao. Il s'installa à Kristiansund en 1692 et y développa l'exportation du bacalao norvégien : pendant plus de deux cents ans, la ville a été le port le plus important de Norvège pour le commerce du bacalao. C'était le début d'une période de grande expansion économique pour la Norvège, qui est toujours le plus grand fournisseur de bacalao dans le monde. Mais alors que la langue française fait la distinction entre le cabillaud (le poisson frais) et la morue (le cabillaud séché et salé), le mot espagnol *bacalao* désigne aussi bien le poisson frais que la morue séchée ou salée. Le terme a donné *bacalhau* en portugais, *baccalà* en italien ; son étymologie cependant est incertaine : il pourrait dériver d'un terme basque ancien[10], *makilla*, signifiant « bâton ».

NOTES

[10] Blandine Vié, La Morue entre sel et mer, Jean-Paul Rocher éditeur, 2001, p. 18.

PHOTOS

Les Lofoten, rencontre entre la mer et la montagne. Séchage à l'air libre de cabillauds sur des séchoirs en bois hauts de 8 à 10 m et longs d'environ 20 m. A la fin du mois d'avril, une surface de 400 000 m² est ainsi consacrée à la production de la morue, soit 3% du territoire des îles Lofoten.

RÉSERVES HALIEUTIQUES

Les quotas de la pêche au cabillaud prévus en 2011 pour les stocks de la mer de Barents,
gérés conjointement par la Russie et la Norvège, s'élèvent à 703 000 tonnes, 100 000 tonnes de plus qu'en 2010.
Même avec une telle augmentation, les stocks de cabillaud adulte continueront de grandir,
et devraient atteindre 1,5 million de tonnes à l'hiver 2011,
la plus grande quantité enregistrée depuis la fin de la Deuxième Guerre mondiale,
date à partir de laquelle débute la comptabilisation des stocks.

PHOTOS

Pêche annuelle au skrei dans les Lofoten.

LA FLOTTILLE

Alors qu'ils étaient plus de 100 000 en 1940, le nombre de pêcheurs en Norvège est de 12 730 en 2009.
La flotte de pêche norvégienne se compose principalement de petits bateaux, de 9 à 11 m.
Elle comptait en 2009 plus de 6 500 bateaux enregistrés, pour une population de 4,5 millions d'habitants.
À titre comparatif, la France comptait pour à la même période 7 631 navires actifs,
pour une population de 65 millions d'habitants.

PHOTOS
Les Lofoten, là où la mer rencontre la montagne.

CONSERVATION ET DÉCONGÉLATION

La température idéale pour conserver le poisson est de 0 à 2°C, et de -18°C s'il est placé au congélateur.
Si on le conserve dans de la glace, la chair ne doit pas être en contact direct avec celle-ci.
Si elle fond, il faut s'assurer que l'eau sera évacuée.
Pour le décongeler, il faut le placer au réfrigérateur, et le tourner régulièrement, jusqu'à ce que la chair soit souple au toucher, puis le préparer rapidement.
Le poisson ne doit pas être décongelé à température ambiante, ni dans l'eau.

PHOTOS
Unité de triage et d'emballage de cabillaud sauvage avec le label officiel, qui garantit la fraîcheur et l'authenticité du skrei.

[SUITE DE LA P. 21]
D'où la rudesse de ces hommes, soumis à la force des éléments toujours imprévisibles, même quand l'hiver s'apprête à décliner. Bien sûr, le lendemain, chaque patron pêcheur retourne en mer récupérer ses filets, qu'il repère à la couleur et à la forme des fanions montés sur des perches flottantes.

Une fois pêché, ce trésor de mer arrive tout frais au port. En Norvège, la criée n'existe pas : « tout le poisson pris par les pêcheurs est fictivement vendu par eux à leur propre coopérative qui le revend non moins fictivement aux négociants privés. Dans la réalité, tout se passe comme si le pêcheur vendait directement sa marée à un négociant privé sans discussion préalable ». Le système de prix est fixe et négocié à l'avance, et constitue une garantie de paiement pour les pêcheurs. Une fois débarqué, le poisson est vidé et nettoyé – le plus important est de bien séparer les foies et les rogues, ces petits sacs qui contiennent les œufs. Vient ensuite le moment de la pesée et de la mensuration de chaque poisson présenté, et le patron pêcheur peut repartir avec un bulletin en cinq exemplaires indiquant le poids, le nombre de poissons, les volumes de foies et de rogues, ainsi que leur prix. Rien n'est donc jamais entièrement perdu dans le skrei. Les rogues sont très appréciées par les marins bretons, espagnols et portuguais qui les achètent pour s'en servir d'appât lors des campagnes de pêche à la sardine. Mais depuis les années soixante, on a compris que les œufs du skrei pouvaient être considérés comme « le caviar norvégien », vendu en tubes ou en pots, prêt à consommer.

S'il n'est pas destiné au frais, le cabillaud sera mis à sécher, environ trois mois au grand air. Il faut 100 tonnes de cabillaud pour obtenir 20 tonnes de morue séchée ou *stockfish*. Mais si on la fait tremper dans l'eau pendant une semaine, elle retrouve son poids de départ : facile à transporter, car elle se garde longtemps même dans les pays chauds, et d'une grande valeur nutritive, elle est devenue l'aliment indispensable des explorations maritimes au cours des siècles.

FRIONOR, DU STOCKFISH AU POISSON SURGELÉ

Les usines de salage et de séchage du poisson ainsi que les conserveries étaient florissantes sur les côtes norvégiennes pendant la première moitié du XXe siècle ; hareng et cabillaud étaient alors les produits les plus commercialisés par le pays. Leur mode de production a cependant évolué au fil du temps.

Car la Norvège est aussi le pays où est né une invention qui a révolutionné nos habitudes alimentaires : les poissons surgelés.

Si la congélation des aliments était un procédé de conservation bien connu, et utilisé pour le transport des denrées sur de longues distances depuis la fin du XIXe siècle, la vente de produits surgelés n'est apparue que bien plus tard. En 1946, un petit groupe de Norvégiens se rassemble pour donner naissance à Frionor, et fait le pari, plutôt risqué à l'époque, de la vente d'aliments surgelés vers l'étranger. Les premières réticences des autorités sanitaires et des ménagères face à ce nouveau produit ne furent pas longues à vaincre ; quelques années plus tard, Frionor avait des accords commerciaux dans une vingtaine de pays, et un réseau de magasins très étendu en Norvège. En 1956, la compagnie eut l'idée des bâtonnets de poisson : le succès fut immédiat aux États-Unis où la demande explosa.

Les anciennes conserveries et usines de salage et séchage du poisson se sont converties à la congélation. Elles n'en ont pas moins perpetué leur activité première, mais le visage de la côte norvégienne s'en est trouvé profondément modifié.

NOTES

[11] Europanel 2009.
[12] Centre des produits de la mer de Norvège, mars 2010.
[13] La nourriture des poissons d'élevage est sans OGM.
[14] Il est à noter également que l'optimisation de l'alimentation n'est jamais faite au détriment de sa qualité.

3] L'AQUACULTURE AU CŒUR DES FJORDS

Un cadre naturel exceptionnel, une longue tradition de pêche et une connaissance approfondie des espèces et du monde marins ont poussé les Norvégiens à tenter l'expérience de l'aquaculture. Alors que les surgelés étaient les produits phares entre 1945 et 1985, l'aquaculture a permis d'ouvrir un nouveau cycle de consommation de poissons frais à travers le monde. Toute cette activité dynamique, de plus en plus élaborée techniquement au fil des années, est certainement une garantie de la sauvegarde des espèces, et permet d'assurer une production régulière de qualité.

LE SAUMON ATLANTIQUE, PRINCE DES MERS FROIDES

Le saumon atlantique de Norvège arrive en tête des poissons les plus aimés non seulement des Norvégiens, mais aussi des Français, juste avant le cabillaud. Les chiffres sont édifiants pour ce poisson exporté dans plus de cent pays du monde. Si en 2008, l'Union européenne a importé 600 000 tonnes de saumon dont 75 % sont d'origine exclusivement norvégienne, les plus gourmands ont été les Français. En 2009, les ménages en ont consommé plus de 56 000 tonnes, qu'il soit frais (47 %), fumé (38 %) ou surgelé (15 %)[11]. Les estimations montrent que les français mangent en moyenne 2,3 kg de saumon par an et par personne, en grande majorité en provenance de Norvège (132 000 tonnes. On dit même qu'en 2009, la consommation de saumon des ménages français aurait augmenté de 22 % (sur les six premiers mois), malgré la hausse de 20 % du prix du saumon, au lendemain de la chute de la production chilienne. En 2009, la production norvégienne de saumon atlantique atteignait 860 000 tonnes[12]. Pour 2010, la production est estimée à 920 000 tonnes.

Espèce anadrome, le saumon, à l'état sauvage, fraie et éclot en eau douce avant de migrer en mer, où se déroule la majeure partie de sa vie d'adulte : la réussite des élevages norvégiens réside dans leur capacité à maintenir cette transition naturelle de l'eau douce à l'eau de mer, respectant ainsi le cycle de vie naturel des poissons. La qualité exceptionnelle du saumon norvégien tient aussi dans son élevage en mer dans un milieu naturel intact et protégé.

Les saumons d'élevage sont tous issus d'une génération de poissons sauvages sélectionnés pour la reproduction, qui se fait par voie naturelle. Les œufs fécondés sont placés dans une eau douce dont la température doit être maintenue autour de 8°C. Environ 60 jours plus tard, ils éclosent ; les petits alevins qui voient le jour disposent d'un sac vitellin contenant tous les éléments nutritifs nécessaires à leur développement. Une fois celui-ci épuisé, l'alevin commence à se déplacer dans l'eau pour chercher sa nourriture : c'est maintenant un tacon, et on le place dans des bassins. Un an plus tard, le bébé saumon a subi une transformation physiologique, la smoltification : il prend un aspect argenté, et peut maintenant survivre dans l'eau salée. Il est alors conduit en pleine mer, au cœur des fjords, où il pourra atteindre sa taille adulte. À base de poisson, d'huile de poisson et d'huile végétale, de minéraux et de vitamines, son alimentation[13] est adaptée aux différents stades de sa croissance. Elle est au plus près de son alimentation naturelle et contient aussi de l'astaxanthine, l'antioxydant auquel le saumon doit sa couleur rose-orangé, présent dans les planctons et les crustacés dont il se nourrit naturellement. Le saumon exploite remarquablement bien sa nourriture : en mangeant un kilo il grossit d'un kilo. Pour produire ce kilo de nourrriture, il faut environ 2,5 kg de poissons sauvages[14]. En comparaison, un saumon sauvage mange à peu près 10 kg de poisson pour grossir d'1 kg. Il faudra compter 2 à 3 ans d'élevage pour que le saumon arrive à 4 kg, poids à partir duquel il est généralement transporté vivant jusqu'aux unités de transformation, où il sera abattu puis préparé pour l'expédition. Afin de garder l'environnement naturel parfaitement intact, les autorités imposent une mise en jachère des sites d'élevage. Chaque ferme aquacole dispose d'au moins deux sites, ce qui permet de les mettre au repos entre chaque cycle de production (habituellement de 10 à 16 mois).

Le saumon d'élevage norvégien est internationalement reconnu pour ses qualités gustatives et nutritives. Les réglementations, qui figurent parmi les plus rigoureuses et les plus exigeantes du monde, garantissent la sécurité alimentaire du produit, qui bénéficie de plusieurs certifications. La Norvège est aujourd'hui le leader mondial dans la production de saumon, avec 59 % de la production mondiale.

Plusieurs espèces de poissons de la pêche traditionnelle sont peu à peu aussi devenues des produits d'aquaculture, à l'instar du cabillaud. En 1983, la Norvège connaissait ses premières réussites dans l'élevage de cette espèce. Même si, à l'heure actuelle, la production reste modeste, avec environ 20 000 tonnes par an, elle offre un poisson d'excellente qualité, conservant toutes ses propriétés, une chaire ferme et feuilletée. Il y a en effet peu de différences entre cabillauds d'élevage et cabillauds sauvages. L'aquaculture permet en outre de désaisonnaliser la pêche du cabillaud et d'assurer un approvisionnement en poisson frais toute l'année.

4] UN VIVIER NATUREL HORS NORMES

Territoire inhospitalier battu par les vents et la neige, où la pêche est d'abord un combat contre une houle souvent furieuse, la Norvège recèle une richesse naturelle dont la diversité étonne. On est au bout du monde, mais à voir une telle profusion d'espèces animales et végétales, on croirait que c'est ici que tout commence. Et les eaux norvégiennes ont bien quelque chose de mythique ou d'originel.

Leur prodigalité en tout cas ne fait aucun doute. Préservé de la surpêche aussi bien que de la pollution, l'équilibre naturel des eaux norvégiennes est protégé. Riches en plancton, elles assurent la survie d'un nombre très varié d'espèces de poissons, de coquillages et de crustacés dont certaines impressionnent d'abord, il faut bien le dire, par leur taille. Mais leur environnement leur confère surtout une saveur particulière, bien distincte de celle des produits des mers chaudes ou tempérées. La Norvège a réussi non seulement à protéger, mais aussi à favoriser cette richesse naturelle.

Si le cabillaud et le saumon ont en effet longtemps été les produits phares de la pêche puis de l'aquaculture, la Norvège a développé aujourd'hui la pêche et l'élevage d'un grand nombre d'autres espèces. Plus étonnant encore à l'heure de la raréfaction, voire disparition, de certaines espèces, elle en a découvert de nouvelles. Et non des moindres. Une petite révolution marine, économique et culinaire est en cours.

LA CULTURE DU GOÛT

Ainsi le crabe royal est-il commercialisé uniquement depuis 2002 par la Norvège. Son arrivée sur ses côtes est récente et l'on peut dire que cet événement marquera l'histoire de la gastronomie : ce crabe géant, considéré comme concurrent du homard pour l'excellence de sa chair, fait son entrée sur les plus belles tables de la haute cuisine et de plus en plus de grands chefs le mettent à l'honneur sur leur carte. Sur les plateaux

NOTES

[15] Le taux de chair est garanti et vérifié à l'aide d'outils de pointe.

[16] Aux produits sélectionnés pour ce livre s'ajoute une longue liste, dans laquelle on trouvera harengs, sprats, maquereaux, chinchards, anguilles, sébastes, lingues, merlans, ombles, moules, homards, huîtres, oursins...

[17] La Grande Pêche désigne la pêche au cabillaud qui avait lieu dans les eaux de Terre-Neuve. Très ancienne, elle débute au XVe siècle, et a pris fin dans les années 1990, avec la quasi-extinction des ressources de cabillaud. Voir le film *Skrida*, de Pierre Guyot, PressPartner Productions, 2010.

[18] *Physiologie du goût*, Jean Anthelme Brillat-Savarin, Paris, Librairie de la Bibliothèque Nationale, 1885-1886.

de fruits de mer, on ne pourra manquer la belle envergure du tourteau de Norvège, dont la chair est singulièrement fine[15], ni la saveur des crevettes sauvages de l'océan Arctique, les crevettes nordiques, dont les Norvégiens raffolent. L'autre produit remarquable qui fait son entrée sur les tables les plus prisées des gastronomes est la Saint-Jacques de Norvège. Plus grosse et plus savoureuse, avec sa douceur et son arôme de noisette, la « petite » nouvelle étonne et nous fait redécouvrir un coquillage que l'on croyait être un classique de nos assiettes.

Face à des espèces aussi exceptionnelles, les Norvégiens ont mis en œuvre tout leur savoir-faire afin de préserver l'extrême sensibilité de ces produits, ramassés, sélectionnés et manipulés avec le plus grand soin. La qualité a toujours été, pour les Norvégiens, une priorité.

DES RESSSOURCES PÉRENNES

L'essor des secteurs de la pêche et de l'aquaculture est soutenu par la politique d'excellence que conduit la Norvège, qui possède l'une des flottes marchandes les plus puissantes du monde. Chaque année, la Norvège dépense environ 125 millions d'euros pour la recherche et le développement dans ces secteurs. La pêche et l'aquaculture sont des secteurs en pointe et économiquement très dynamiques, qui fonctionnent sans subventions. Capable d'allier haute technologie et préservation de méthodes traditionnelles, la pêche norvégienne est extrêmement riche et diversifiée. Présente dans plus de 130 pays, elle exporte une grande variété de poissons, de coquillages et crustacés[16], dont la production repose sur un système d'équilibre et de complémentarité entre la pêche et l'aquaculture. Ce petit pays de pêcheurs a été capable de préserver ses ressources et d'éviter, par exemple, le triste écueil qu'a connu la Grande Pêche[17] à Terre-Neuve.

Pour les Norvégiens, respecter la mer a toujours été une question de survie. Après le cabillaud de la mer de Barents, rare population de cette espèce à ne pas être en danger d'extinction, d'autres poissons à chair blanche de la famille des *Gadidae* méritent d'être cités : le lieu noir de la mer du Nord, dont on dit en Norvège qu'il est « un poisson pour les amateurs de poisson » en raison de sa saveur prononcée, ou l'églefin, dont on fait traditionnellement du haddock, mais qui gagne à être dégusté frais. Meilleur marché que le cabillaud, ces espèces, très abondantes dans les eaux norvégiennes, bénéficient toutes les deux de l'écolabel « Pêche durable » du MSC (Marine Stewardship Council).

Autre poisson prisé, le flétan blanc fait maintenant partie des epèces élevées en aquaculture. Même s'il faudra encore quelques années pour optimiser les dispositifs en place, car il est délicat à élever, ce poisson de fête est destiné à faire son entrée sur les grandes tables. Ainsi les Norvégiens ont-ils été en mesure d'assurer une production alimentaire abondante aussi bien qu'une pêche pérenne qui peut être érigée en modèle durable.

La Norvège a également développé des produits marqués par une identité forte, régulièrement mis à l'honneur dans de prestigieuses compétitions culinaires. D'une grande qualité gustative, ils répondent idéalement aux exigences des gastronomes en tous genres, des amateurs de sushis aux grands chefs du monde entier.

« La gastronomie est la connaissance raisonnée de tout ce qui a rapport à l'homme en tant qu'il se nourrit. Son but est de veiller à la conservation des hommes, au moyen de la meilleure nourriture possible[18]. » J. A. Brillat-Savarin.

PHOTOS

Page de gauche : ramassage de crabe royal. Cabillauds dans un bassin d'aquaculture. Ramasage de Saint-Jacques par un plongeur professionnel.
Page de droite : flétans blancs dans un bassin d'aquaculture.

PHOTOS
Il existe aujourd'hui 649 fermes d'aquaculture de saumon atlantique et truite arc-en-ciel en Norvège.

PHOTOS
Préparation des saumons atlantiques.

VALEUR NUTRITIVE DU POISSON

La chair du poisson est constituée d'eau, de protéines, et de graisses dont la concentration varie selon les espèces et les saisons. Elle contient des vitamines et des minéraux, et peu de glucides – en général moins de 0,3 %.
Le poisson contient en outre des acides gras insaturés, et des acides gras essentiels comme l'oméga-3 ; des vitamines A, beaucoup de vitamines D, et des minéraux comme le sélénium et l'iode.
La teneur en graisses est très variable d'une espèce à l'autre. Les poissons maigres stockent leurs graisses dans leur foie, où elles peuvent atteindre une concentration de 50 à 70 %, alors que les muscles n'en contiennent qu'entre 0 et 3 %. Parmi eux figurent le cabillaud, le lieu ou l'églefin.
Certaines espèces stockent les graisses à la fois dans les muscles, notamment ceux situés autour des nageoires et dans l'abdomen, et dans le foie. Leur chair contient entre 3 et 7 % de graisses.
Il s'agit par exemple du saumon atlantique, de la truite arc-en-ciel ou du flétan blanc.
Les poissons les plus gras contiennent plus de 7 % de graisses, stockées principalement dans les muscles où elles peuvent atteindre une concentration de 30 %. C'est le cas du hareng et du maquereau.

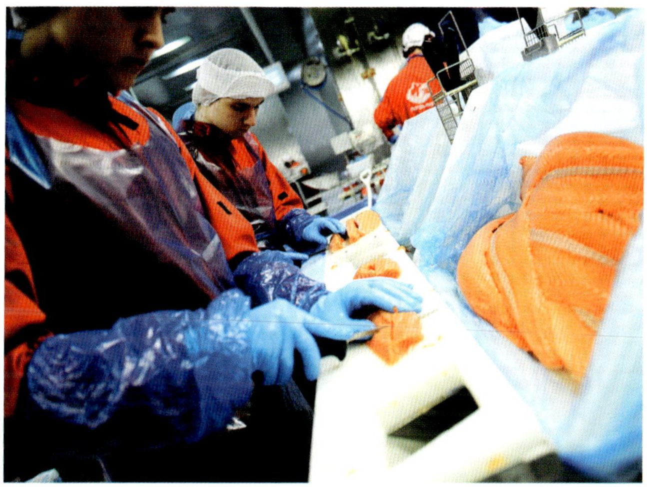

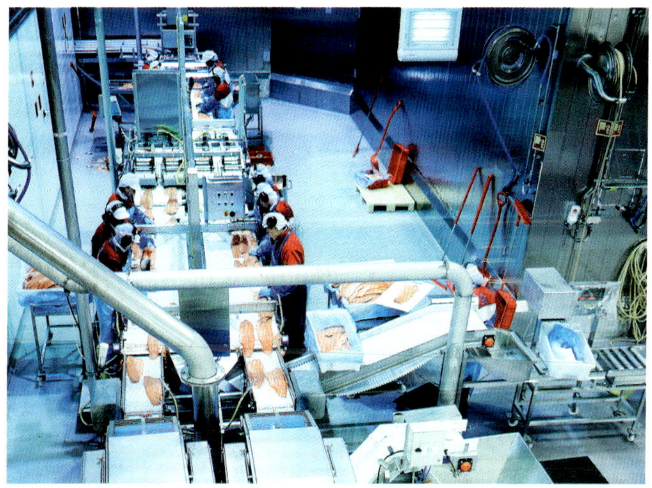

PHOTOS
Préparation des filets de cabillaud de Norvège.

LES EXPORTATIONS

En volume, la Norvège occupe le 11e rang mondial des exportateurs de produits de la mer avec une production totale de 2,6 millions de tonnes, derrière la Chine (1er exportateur mondial, avec un volume de 46 millions de tonnes environ), le Pérou et l'Inde. En revanche, en termes de valeur, la Norvège est le deuxième plus grand exportateur mondial, juste après la Chine : la valeur totale de ses exportations s'élève à environ 7,1 milliards d'euros vers plus de 130 pays. Les traditions culinaires des pays de destination sont reflétées par les statistiques des exportations : la Russie montre une grande prédilection pour le hareng, le Japon importe essentiellement du maquereau, la Suède des crevettes et le Portugal, de la morue salée séchée. La France est quant à elle son premier importateur de saumon atlantique ; en 2009, la Norvège a exporté vers la France plus de 140 000 tonnes de produits maritimes pour une valeur totale de 575 millions d'euros environ.

PHOTOS
Bassins d'aquaculture
près des côtes norvégiennes.

portrait[s] entre dieu blanc et joyaux des mers

PORTRAIT DE POISSON

Le saumon atlantique est l'espèce la plus élevée en fermes aquacoles[19] et la plus connue sur le plan international : il représente pour la Norvège presque la moitié de ses exportations totales de produits de la mer. Avec 2,3 kg de saumon par personne et par an, la France est devenue le premier pays consommateur de saumon norvégien... après la Norvège, où l'on en consomme 8 kg par personne et par an.

Un saumon peut mesurer jusqu'à 1,5 m, et peser entre 3 et 7 kg. Il doit sa couleur à un caroténoïde : l'astaxanthine, un anti-oxydant présent en grande quantité dans les petits crustacés dont il se nourrit. Espèce anadrome, il fraie et éclot en eau douce avant de migrer en mer, où se déroule la majeure partie de sa vie d'adulte, jusqu'au moment de la reproduction, et du retour vers la rivière où il est né.
Généralement décrit comme un poisson élégant, le saumon perd beaucoup de sa superbe lors de sa remontée en eau douce : son bel argenté s'éteint et de gros points noirs apparaissent à la place. Sa forme change, la mâchoire des mâles grandit et forme un bec crochu qui peut leur transpercer le palais et, ne se nourrissant plus, il maigrit comme peau de chagrin. Mais à la différence d'autres espèces chez lesquelles les mâles meurent presque immédiatement après le frai[20], le saumon atlantique, lui, survit. Après une période de repos en eau douce plus ou moins longue, il subit de nouveau une transformation physiologique semblable à la première smoltification (moment où il acquiert ses capacités physiques à vivre en eau salée), et peut repartir en mer. Le saumon atlantique peut ainsi faire plusieurs fois dans sa vie la migration vers les rivières. C'est dans le respect de ce cycle naturel que la Norvège élève ses saumons.

_ En plus du traditionnel filet de saumon, on trouve aujourd'hui un cœur de filet de saumon : dépourvu de peau, d'arêtes et de chair brune, il est levé à un stade précoce, et mis sous vide moins de 4h après la sortie de l'eau. Il garde une très grande fraîcheur et peut se conserver longtemps.
_ Le succès du saumon s'explique sans nul doute par la très grande liberté de préparation qu'il permet. Il est bon aussi bien cru que cuit, en papillottes, mariné, fumé, grillé... et s'adapte à toutes les cultures gastronomiques : on le trouve partout dans le monde.

NOTES
[19] Lire aussi p. 35.
[20] Le frai est la période de fécondation des œufs chez les poissons.

le saumon de norvège

SALMO SALAR

On le reconnaît au barbillon de sa mâchoire inférieure et à la ligne claire de ses flancs, à son corps allongé et ventru. Sa couleur varie d'un blanc teinté de rose ou de vert au gris pâle ou au vert foncé selon la nature des eaux où il vit : le long de la côte de Norvège, en mer ou dans les fjords. Parmi les différentes populations de cabillaud, seule celle de la mer de Barents est pêchée par la Norvège. Elle représente en effet la population de cabillaud la plus importante au monde et, contrairement aux autres qui sont en voie de disparition (comme celle de la mer du Nord), elle n'est pas menacée[21].

Le cabillaud arctique passe la plus grande partie de sa vie dans la mer de Barents. Mais, chaque année, à la période du frai, de février à avril, il entreprend un voyage de plus de 1 000 km jusqu'aux îles Lofoten, lieu unique au monde de reproduction de l'espèce : il prend alors le nom de skrei, du norvégien *skrida*, « j'avance ». Les migrations du skrei procurent toujours la plus importante activité de pêche saisonnière en Norvège et rythment depuis des siècles la vie des Lofoten, où les lois de pêche qui protègent ce poisson ont été rédigées dès 1753. Aujourd'hui encore, il est pêché à la ligne à bord des *sjarks*, petits bateaux propres aux pêcheurs des Lofoten, ne comptant guère plus d'un ou deux hommes à bord.
Grâce au voyage qu'il vient d'accomplir, la richesse et la fermeté des muscles du cabillaud sont à leur maximum : il est excellent consommé frais. S'il est séché, il prend le nom de morue, ou de *stockfish*[22]. Le climat particulier des îles Lofoten est idéal pour le séchage, effectué à l'air libre, sans sel : il fait assez froid pour que la chair du poisson ne s'abîme pas et, grâce au courant du Gulf Stream, assez chaud pour qu'elle ne gèle pas. À l'instar des crus et millésimes du vin en France, mais en moins grand nombre évidemment, il n'existe pas moins de 25 qualités différentes de *stockfish* en Norvège.
C'est cette grande capacité à supporter le séchage qui fera le succès de la morue. Séchée, elle se transporte facilement et se conserve longtemps. Exportée dès le IXe siècle par les Vikings en Europe et en Méditerranée, elle deviendra extrêmement populaire sous le christianisme : c'est le plat des jours maigres, des fêtes et des carêmes (c'est-à-dire presque la moitié de l'année). Au XVe siècle, le commerce de la morue se développe à

LE CUISINER
Les Norvégiens ont appris à le cuisiner de nombreuses manières, mais restent attachés à la recette traditionnelle, le *skrei molje* : le poisson, le foie et les œufs sont bouillis séparément dans une eau légèrement salée, puis servis avec des pommes de terre vapeur.

NOTES
[21] Lire aussi pp. 21 et 38.
[22] Lire aussi pp. 22 et 25.

le cabillaud de norvège

GADUS MORHUA

l'échelle de la planète. Poisson de la mondialisation, on la retrouve dans toutes les cuisines, du Grand Nord aux Antilles. Au Portugal, il en existe 365 recettes : une par jour !

_ Le cabillaud présente une chair ferme, blanche, feuilletée et savoureuse.
_ Le cabillaud est un poisson très nourrissant et l'un des plus sains qui soit. C'est un poisson maigre car il stocke les graisses dans son foie au lieu de ses muscles.
_ En Norvège, on produit encore beaucoup d'huile de foie de morue, le *« jus de médecin »*.
_ Le cabillaud de Norvège est disponible tous les jours de l'année et provient soit de l'élevage, soit de la pêche sauvage.

le lieu noir de norvège

POLLACHIUS VIRENS

PORTRAIT DE POISSON

En avril 2009, la presse britannique relayait une petite révolution dans le marketing du poisson pané. La chaîne de supermarchés Sainsbury's avait décidé de rebaptiser le *pollack*, nom anglais du lieu noir, du nom commun qu'il porte à tort en français, « colin » : il apparaissait en effet que les consonances du nom du poisson, trop proches de certains termes argotiques[23], mettaient ses potentiels consommateurs dans un embarras tel qu'ils n'osaient pas en commander. Le nouveau nom et un packaging inspiré de l'œuvre de Jackson Pollock, et le tour était joué pour relancer les ventes : le *pollack* est donc devenu le « colin » en Angleterre.

NOTES

[23] Le terme *bollocks* signifie « testicules » en anglais argotique.

En France, le lieu noir est communément et à tort appelé « colin », l'autre nom du merlu. C'est un poisson de la même famille que le cabillaud et l'églefin : les *Gadidae*. Il vit dans les eaux froides de l'océan Atlantique, de la mer du Nord et de la mer de Norvège, près de la surface lorsqu'il se trouve à proximité des côtes, et jusqu'a plus de 300 m de profondeur en pleine mer. D'allure fine et musclée, d'une belle couleur vert olive, qui s'éclaircit et tire sur le jaune sous la ligne latérale, et gris argenté sur le ventre, il se distingue très facilement des poissons de la même famille (et notamment du lieu jaune) par sa ligne latérale, blanche, très fine et droite. C'est elle aussi qui permettrait aux lieus noirs de se reconnaître entre eux : grégaires, ils forment de grands bancs, avides de crevettes, de jeunes cabillauds, et de harengs. Les bancs se déplacent du nord au sud, entre les eaux côtières, où ils se reproduisent, et celles plus profondes où ils trouvent leur nourriture. En Norvège, les lieus fraient près des côtes des îles Lofoten, au nord. Le frai dérive ensuite, emporté par le courant, jusqu'au sud-ouest de la Norvège où naissent les alevins, qui remonteront plus tard, pour frayer, jusque dans la région de Finnmark. Adulte, le lieu noir peut mesurer jusqu'à 1,20 m et peser plus de 15 kg ; il a une très longue espérance de vie, supérieure à 25 ans.

_ Le lieu noir de la mer du Nord représente une part importante de la pêche norvégienne. Il a obtenu la certification de « Pêche durable » par le MSC (Marine Stewardship Council), qui certifie que les réserves naturelles ne sont ni dégradées ni surexploitées. Trois autres produits de la mer norvégiens bénéficient de ce label : le cabillaud, l'églefin et le hareng.
_ Ce poisson est très fréquent et très consommé. Le prix est souvent moins élevé que les autres poissons de la même famille.
_ Sa chair est maigre et contient très peu d'arêtes. Elle est facile à préparer et les cuissons rapides sont celles qui lui conviennent le mieux.
_ Ses délicats morceaux gris perle de chair feuilletée ont un goût très caractéristique et distinctif, plus prononcé que chez d'autres espèces.

PORTRAIT DE POISSON

De la famille des *Gadidae*, comme le lieu noir et le cabillaud, mais seul représentant du genre *Melanogrammus*, l'églefin est surtout connu sous sa forme fumée, le *haddock* (son nom anglo-saxon), traditionnellement teint au roucou, comme la mimolette. Il est l'un des poissons les plus consommés en Norvège et, comme la morue, a été introduit en Europe méridionale par les Vikings, sous sa forme séchée. Dans la région de Nice, le terme *stockfish* s'est transformé en *estocafic*, et le *haddock* est devenu l'ingrédient de base du plat régional, l'estocaficada. Son nom français d'églefin ou aiglefin est un dérivé du néerlandais *schelvisch* qui a donné *esclevis* vers 1340, puis *esclefin,* et *eglefin*.

D'un gris sombre violacé sur la tête, le dos, et la partie supérieure du corps, d'un gris argenté irisé de rose sur le ventre, avec une ligne latérale noire très visible, l'églefin porte au-dessus des nageoires pectorales une tache sombre caractéristique, la *« marque du diable »*. Comme le lieu noir, c'est un poisson démersal : il vit dans les eaux de surface lorsqu'il se trouve près des côtes pour frayer, et dans des eaux plus profondes, jusqu'à 300 m, en dehors des périodes de reproduction. Mais il s'approche beaucoup moins du littoral que le lieu noir ou le cabillaud, le tout jeune églefin cherchant

l'églefin de norvège

MELANOGRAMMUS ÆGLEFINUS

rapidement le fond. C'est qu'il est très exigeant lorsqu'il s'agit de son habitat : il n'aime ni le varech, ni la vase, ni les récifs, ni les rochers, et leur préfère les fonds caillouteux, recouverts de sable épais, de gravier, et de débris de coquillages. Là peut commencer le festin : *Melanogrammus æglefinus* avale tout ce qu'il trouve, étoiles de mer, pétoncles, vers, petits crabes, crevettes, ophiures, oursins, concombres de mer... Son estomac renferme à peu près toutes les espèces abritées par les fonds qu'il prospecte.
On le trouve des deux côtés de l'Atlantique nord ; ses régions de frayage se situent essentiellement autour des îles Féroé, du sud-ouest de l'Islande, et sur les côtes de la Norvège centrale. Les jeunes restent longtemps dans la mer de Barents, à l'extrême nord de la Norvège avant d'entreprendre de plus longs voyages.

_ L'églefin peut être consommé frais, séché, ou fumé.
_ Sa chair est blanche, ferme et feuilletée, et préfère les cuissons courtes.

la truite des fjords

ONCORHYNCHUS MYKISS

PORTRAIT DE POISSON

Représentante de la famille des salmonidés, la truite arc-en-ciel, ou truite des fjords, est originaire de la côte Pacifique de l'Amérique du Nord et de la péninsule du Kamtchatka, à l'est de la Sibérie. Elle a été introduite en Europe autour de 1880. C'est en effet une espèce qui s'adapte très facilement à des environnements variés, et qui est très facile à élever. Il en existe deux variétés : l'une vivant en eau douce, l'autre anadrome, comme le saumon, et que l'on appelle la *steelhead*[24]. De forme allongée, renflée au centre, la truite des fjords se caractérise par sa ligne latérale rouge et le rose de ses ouïes ; de couleur argenté sur le ventre, elle est tachetée de noir sur la moitié supérieure du corps, dont la couleur varie du bleu au vert olive. Elle peut être plus ou moins foncée selon son habitat, sa taille, et sa couleur change pendant la saison des amours.

Pouvant mesurer jusqu'à 1,20 m et peser 25 kg, la truite des fjords se nourrit de mollusques, de crustacés, d'insectes aquatiques et terrestres, et de petits poissons (y compris d'autres truites). Elle aime les eaux claires et froides, à forts courants et surtout, bien oxygénées. La *steelhead* vit en pleine mer, dans des eaux profondes. Mais, de mer ou d'eau douce, la truite des fjords a besoin pour se reproduire d'un sol graveleux dans lequel la femelle peut creuser un nid. Une fois celui-ci prêt, mâle et femelle s'y enfoncent ventre contre ventre pour pondre et féconder les œufs. La femelle recouvre ensuite les œufs avec du gravier, et la même opération recommence plusieurs fois. Les alevins, munis d'un sac vitellin, seront protégés par le gravier pendant les premières semaines de leur vie.

NOTES

[24] Littéralement, *steelhead* signifie « tête d'acier » en anglais.

Ils resteront dans leurs eaux natales une à trois années, jusqu'à ce qu'ils soient assez grands pour se reproduire ou migrer vers l'océan. La truite des fjords est un prédateur, solitaire, au sens visuel très développé ; une hiérarchie fondée sur la taille et une forte compétition pour le territoire et la nourriture régissent les rapports entre individus de la même espèce.

_ La truite en général affectionne les eaux froides, vives, et pures : quelle que soit l'espèce ou la variété, sa présence est un indicateur de la qualité de l'eau.
_ La truite des fjords est élevée en aquaculture dans les fjords de Norvège, pratiquement de la même manière que le saumon atlantique, dont elle est très proche.
_ Elle se caractérise par une belle couleur rouge et une texture fine. Excellente crue, elle est plébiscitée par le Japon, son premier importateur, certainement l'un des plus grands consommateurs de poisson haut de gamme.

le flétan blanc

HIPPOGLOSSUS HIPPOGLOSSUS

PORTRAIT DE POISSON

C'est un animal stupéfiant que l'on croirait sorti de l'imagination d'un Jules Verne ou d'un Herman Melville, un géant des mers froides, un Moby Dick en miniature mais non moins monstrueux dans ses proportions : *Hippoglossus hippoglossus, halibut, kveite, poisson saint*, jusqu'à 2,5 m pour 300 kg. Pas étonnant qu'avec des mensurations pareilles on le retrouve, après enquête, filant plat sur les fonds d'un paquet de légendes et de mythes fondateurs, couvrant un territoire qui s'étend des fjords de Norvège à la côte Ouest du Canada, en passant par l'Islande et le Groenland.

Chez les Inuits et chez les Haïdas, c'est un flétan blanc qui, sortant des flots, aurait donné naissance à l'homme. En Islande, une légende raconte qu'un jour, le Christ se promenant sur la plage avec saint Pierre crachât dans la mer, et qu'il en naquît un flétan blanc[25].
En Norvège, des sculptures datant de l'âge de pierre le représentent aux côtés de l'élan, de l'ours ou de la baleine, attestant du caractère sacré de l'animal. Remonter un flétan blanc, quand on a la chance d'en trouver un, c'est faire le combat de David contre Goliath ou d'Achab contre la baleine blanche. L'expédition est hautement périlleuse et on a toutes les chances d'y trouver la mort. Mais si elle réussit, on est récompensé par l'excellence de sa chair, à la blancheur caractéristique. Attribut qu'*Hippoglossus* partage avec Balder, le « dieu blanc » norrois sage et bon, fils d'Odin et de Frigg des sagas norvégiennes, et auquel il doit son nom en norvégien (*kveite* désigne la blancheur). Plus tard, avec la religion catholique et l'instauration des jours maigres, le flétan blanc est devenu le mets traditionnel des jours saints et est resté le plat principal des repas de fêtes.

_ Le flétan blanc est un poisson très prisé et a été beaucoup pêché. Son élevage en aquaculture représente une perspective de sauvegarde de l'espèce, et assure sa disponibilité toute l'année.
_ Difficile à élever en raison d'un temps de croissance très long, son élevage en aquaculture a requis plusieurs années de recherches. Cinq ans sont nécessaires avant qu'il n'atteigne sa taille de commercialisation.
_ Plat, à petite tête et petite queue, il est blanc sur le dessous et plus sombre sur le dessus ; son poids en élevage peut atteindre 9 kg.
_ Sa peau est recouverte d'une épaisse couche de mucus destinée à le préserver des bactéries : sa présence est un gage de qualité et de fraîcheur. C'est un poisson gras qui se conserve longtemps. Il se déguste idéalement 10 jours après l'abattage, selon certains chefs norvégiens, et se cuisine à très basse température.

NOTES

[25] Saint Pierre crache à son tour, et une lompe apparaît. Le diable jaloux qui les suivait de près, voyant cela, les imite : il en sort une méduse. *Cf.* Jacqueline Simpson, *Icelandic folktales and legends*, University of California Press, Berkeley, 1972.

la crevette nordique

PANDALUS BOREALIS

PORTRAIT DE CRUSTACÉ

Pandalus borealis aurait rendu fou de bonheur le gourmand Apicius, qui fit la traversée depuis Rome jusqu'en Libye pour aller vérifier si les crevettes de la côte africaine étaient aussi grosses qu'on le lui avait dit. Découverte tardivement dans les eaux norvégiennes par l'océanographe Johan Hjort, en 1898, la crevette nordique est devenue depuis, l'un des mets préférés des Norvégiens, et des plus répandus. De Tromsø à Stavanger, elle est la reine des repas : servie en abondance dans de grands bols, chacun des convives la déguste sur des tartines de pain blanc, accompagnée de mayonnaise et relevée d'une pointe de citron.

Vivant dans les eaux du Skagerrak, au sud de la Norvège, dans la mer de Barents ou les eaux glacées des îles Svalbard – l'un des lieux habités les plus proches du pôle Nord – la crevette nordique est rose, et mesure entre 10 et 12 cm. Très bonne nageuse, fine, armée d'un long rostre couvert d'épines, elle apprécie les sols mous et vaseux. Les profondeurs auxquelles on la trouve dépendent de la température de l'eau, qui doit se situer entre 2 et 6°C. Le jour, elle vit sur les fonds marins où elle se nourrit de plancton, de zooplancton et de petits crustacés, puis migre vers la surface pendant la nuit. Hermaphrodite protérandre, elle naît mâle et le reste pendant les deux à trois premières années de sa vie, avant de devenir femelle. L'accouplement a lieu à la fin de l'été et en automne, les œufs restant accrochés à l'abdomen des femelles jusqu'à l'éclosion, au printemps suivant. Dans les eaux très froides, la croissance et la maturation des crevettes est plus lente, mais elles sont aussi plus grandes et vivent plus longtemps.

LA CUISINER

À la cuisson, elle supporte mal les chaleurs fortes et prolongées : pour éviter que la chair ne durcisse, il vaut mieux la faire cuire ou la réchauffer rapidement au dernier moment.

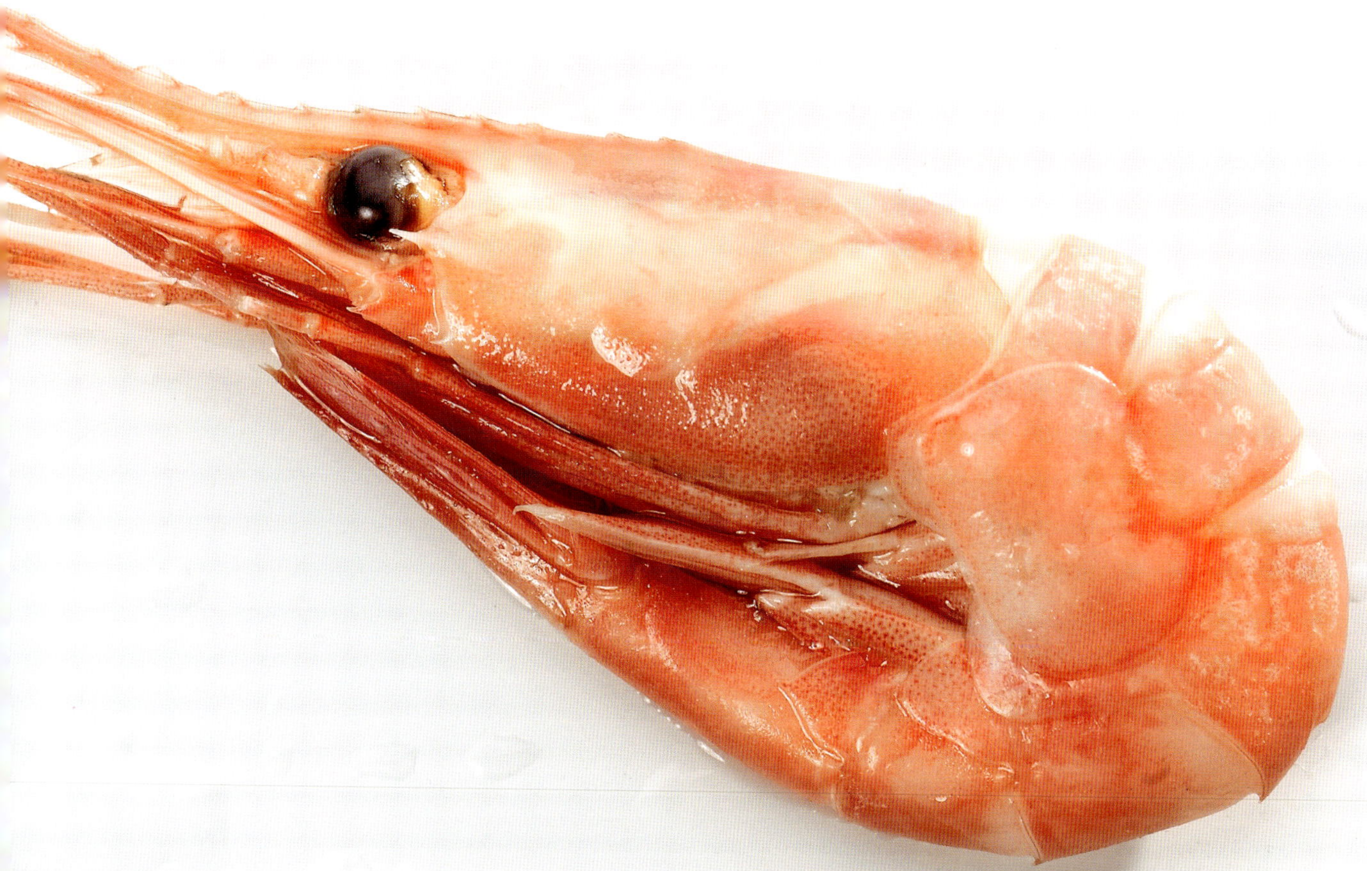

_ De la même manière que les fruits, les légumes ou le vin reflètent leur terroir, la crevette nordique doit sa saveur à son environnement et à la qualité de la nourriture qu'elle y trouve. La chair est ferme et charnue à la fois, douce, avec une pointe légèrement salée, d'un goût très différent des crevettes des mers chaudes.

_ Les crevettes fraîchement pêchées sont d'un rose tendre.

_ La chair de la crevette nordique est maigre et riche en oméga-3. C'est une excellente source de vitamines B12, qui contient également une grande quantité de vitamines A, E et D liposolubles.

la saint-jacques de norvège

PECTEN MAXIMUS

« Les coquilles dites de Vénus naviguent, et, présentant au vent leur partie concave, elles font voile sur la surface des mers. Les peignes sautent, voltigent hors de l'eau ; ils se servent, eux aussi, de leur coquille comme d'une barque.[26] »

Pline l'Ancien, *Histoire naturelle*, IX, 52, 2.

Appelés *pecten* par Pline en raison de leur ressemblance avec les peignes ronds dont se servaient les Romains, les pectinidés désignent les mollusques bi-valves, tels le pétoncle ou la Saint-Jacques. Dès le XIIe siècle, les pèlerins qui se rendent sur la tombe de Jacques le Majeur, en Espagne, prennent l'habitude de la ramasser sur les plages de Galice, et l'accrochent à leurs vêtements comme signe du devoir accompli : la Saint-Jacques, symbole du pèlerinage de Compostelle, en gardera le nom. En Norvège, où elle était traditionnellement utilisée comme appât, on n'a découvert que très tardivement qu'elle était aussi excellente à manger. Depuis, on l'appelle « joyau des mers » et on la considère comme un produit d'exception : elle est récoltée exclusivement dans la région des îles Hitra et Frøya, au nord-ouest de la Norvège, à la main, par des plongeurs professionnels.
Organisme filtreur se nourrissant presque exclusivement de plancton, la coquille repose sur les fonds marins meubles, sa partie convexe largement enfoncée dans le sol, à des profondeurs allant de 10 à 30 m. Lorsque ses valves s'entrouvrent, on aperçoit de petits tentacules sensitifs, et une multitude d'yeux très sensibles aux mouvements et aux variations lumineuses. Pourvue d'un système olfactif très développé, elle peut détecter rapidement son principal prédateur, l'étoile de mer. La description de Pline n'est pas si éloignée de la vérité : face à l'ennemi, la coquille Saint-Jacques fuit en faisant des bonds, grâce au claquement de ses valves qui la propulsent en chassant l'eau de ses tissus. Hermaphrodite, elle pond deux fois dans l'année, en juin et septembre. Le corail, glande génitale séparée en une partie mâle et une partie femelle (que l'on reconnaît à sa couleur orangé), n'est pas toujours présent dans les coquilles, car il ne se forme que quelques mois avant la période de reproduction.

_ La Saint-Jacques norvégienne a une coquille très colorée, d'un marron aux tons rouges ou dorés, avec des rayures en zigzag, mouchetée de nuances allant du rouge et du rose au jaune pâle. Elle fait partie des plus grandes de son espèce, et peut mesurer jusqu'à 17 cm. La noix peut peser jusqu'à 50 ou 60 g, et se caractérise par sa saveur très douce.
_ Afin de protéger les populations les plus jeunes, aussi bien que leur environnement, les Saint-Jacques de Norvège sont collectées une par une, à la main par des plongeurs professionnels. La quantité de sable présente à l'intérieur de la coquille en est considérablement réduite et l'on préserve ainsi la saveur de la coquille en évitant des lavages trop abondants. Une fois nettoyées et calibrées, elles sont livrées avec un clip qui garde la coquille fermée et permet de conserver l'humidité de celle-ci.

LA CUISINER

Les Saint-Jacques doivent être achetées vivantes, coquilles fermées, et préparées rapidement. Leur cuisson est délicate, car elles sèchent rapidement.

NOTES

[21] Pline l'Ancien : auteur romain ayant vécu près de Pompéi au Ier siècle après J.-C.

le crabe royal de norvège

PARALITHODES CAMTSCHATICUS

PORTRAIT DE CRUSTACÉ

Paralithodes camtschaticus, du nom de sa province d'origine, la péninsule du Kamtchatka à l'est de la Sibérie, est un crabe géant pouvant atteindre 1,80 m d'envergure, pouvant peser entre 10 et 15 kg. Importé pendant la décennie 1960-70 sur les côtes de la mer de Barents par l'ex-URSS, pour pallier la famine qui régnait dans la région de Mourmansk, sa population progresse avec constance vers l'ouest. Mais la bête est vorace, et n'a que très peu de prédateurs. Omnivore, avec tout de même un goût prononcé pour les Saint-Jacques, le crabe royal mange tout ce qui se trouve à sa portée.
Des différentes espèces de crabe royal, le crabe royal rouge est celui dont les pattes et les pinces contiennent le plus de chair – par ailleurs excellente. C'est donc aussi le plus cher, et sa commercialisation fait l'objet d'une étroite surveillance. Sa pêche est extrêmement réglementée par des accords entre la Russie et la Norvège. Cette dernière ne le commercialise que depuis 2002 : les quotas imposés par les autorités de Norvège sont limités, et certaines méthodes de pêche interdites. Ainsi les crabes royaux sont-ils manipulés individuellement afin d'éviter stress et blessures.

Il faut compter 5 à 6 ans pour que le crabe royal rouge parvienne à maturité, et il peut vivre entre 10 et 20 ans. Les plus jeunes vivent seuls, dans des eaux peu profondes, sous la protection des algues et des rochers côtiers. Entre 2 et 4 ans, ils se regroupent et vivent sur les fonds sablonneux d'eaux plus profondes, migrant vers la surface à chaque printemps pour se reproduire. Mâles et femelles vivent en couple pendant les périodes de reproduction, qui doivent avoir lieu au moment où les femelles changent de carapace. Alors les mâles aident les femelles à s'en débarrasser, avant de féconder les œufs.

_ D'une taille beaucoup plus importante que les autres espèces de crabe, le crabe royal de Norvège pèse en moyenne 4,3 kg. Il est pêché dans la région septentrionale du pays, par des petits bateaux qui transportent 30 filets à crabes au maximum et qui n'ont qu'une très courte distance à parcourir pour rejoindre les installations côtières de transformation.
_ La chair du crabe royal est réputée être à la hauteur de celle du homard. En tant que produit d'exception, sa traçabilité a été rendue obligatoire pour chaque individu.
_ On peut le servir cuit à la vapeur et tout simplement accompagné d'un peu de beurre fondu, mais aussi grillé ou poêlé pour des préparations plus élaborées. Sa chair se marie très bien avec les épices et peut se prêter à de multiples assaisonnements.

« Cancres, hères, pauvres diables
Dont la condition est de mourir de faim. »
Jean de La Fontaine, « Le loup et le chien », *Fables*, I.

PORTRAIT DE CRUSTACÉ

Le tourteau est très répandu sur les côtes du nord-ouest de l'Europe, jusqu'au nord de la Norvège. Autrefois utilisé comme appât du homard, il est devenu le roi de nos plateaux de fruits de mer, le plus connu des crabes et le plus consommé d'Europe. En France, on l'appelle « dormeur » en raison de la position qu'il adopte lorsqu'il tombe entre les mains d'un prédateur, pattes et pinces repliées sur le ventre pour protéger son abdomen.

Facilement identifiable à la couleur brun orangé de sa carapace et l'extrémité noire de ses pinces, c'est l'un des plus grands de sa famille, d'une largeur moyenne de 15 cm, et de 20 à 30 cm pour les spécimens norvégiens. En raison de sa taille, il est beaucoup plus lent que les autres crabes dans ses déplacements – d'où l'emploi du terme « cancre » au sens figuré, pour désigner les mauvais élèves. En contrepartie de sa lenteur, il est muni de deux pinces puissantes, avec lesquelles il creuse profondément dans le sol et décortique les coquillages et autres crustacés dont il se nourrit. À son menu s'ajoutent des mollusques, des restes de poissons, quelques algues. Très agressifs entre eux, les mâles se servent de leurs pinces pour se battre.
Se nourrissant essentiellement la nuit, le tourteau vit caché dans les anfractuosités des rochers de la côte lorsqu'il est jeune ; adulte, il s'en éloigne un peu et vit sur les fonds marins jusqu'à 100 m de profondeur, les mâles préférant les sols durs, les femelles les sols meubles. Pour les trouver, elles sont capables de parcourir de très longues distances, tandis que les mâles sont plutôt sédentaires. La reproduction a lieu en hiver, au moment de la mue des femelles. L'incubation dure plusieurs mois, au cours desquels les femelles s'enfoncent dans le sol, les œufs collés sous l'abdomen, sans se nourrir. Les tourteaux ont une longue espérance de vie, jusqu'à 20 ans.

_ Une taille minimale est imposée pour la pêche au tourteau. En Norvège, où on les laisse grandir plus longtemps, celle-ci est plus importante qu'en France ou en Grande-Bretagne. Il est interdit de capturer les femelles portant des œufs. Ces mesures ont contribué à protéger l'espèce, qui n'est plus menacée.
_ En Norvège, la pêche se fait à l'aide de petits bateaux et de casiers traditionnels. Les tourteaux sont ensuite triés en fonction de leur taille, avant d'être cuits. Ceci permet de garantir une cuisson adaptée afin de garder tout le moelleux de la chair.

le tourteau de norvège

CANCER PAGURUS

recette[s]
entre poissons, coquillages et crustacés

tatakis de saumon
déclinaison de petits pois
émulsion à la mélisse

LIRE SUR **LE SAUMON** [P. 50]

Préparation des tatakis
_ Demander à votre poissonnier de tailler dans le filet de saumon, sans peau, ni arêtes, 3 bandes d'environ 16 cm de long et 3 cm de large.
_ Sur le grill, ou dans une poêle très chaude avec un filet d'huile d'olive, saisir les bandes sur chaque face. Pour stopper la cuisson, les plonger une minute dans un récipient d'eau glacée. Les sécher sur un torchon. Ensuite, les rouler dans un film alimentaire afin de préserver leur forme et les couper sans les casser le moment venu. Les placer 2h au frais.

Préparation de la déclinaison
_ Mettre de l'eau à bouillir avec du gros sel, plonger les petits pois et laisser cuire 3 min.
_ Égoutter les petits pois dans une passoire. Garder l'eau de cuisson. Les plonger quelques minutes dans de l'eau glacée, pour conserver la couleur.
_ Conserver l'équivalent de 4 cuillères à soupe de petits pois. Ôter la peau et les placer au frais. Mixer le reste des petits pois en ajoutant l'eau de cuisson froide petit à petit, afin d'obtenir une purée bien lisse. Garder l'équivalent de 5 cuillères à soupe de purée pour le décor, et continuer à verser de l'eau de cuisson dans le reste de la purée jusqu'à l'obtention d'une crème de petits pois onctueuse. Vérifier l'assaisonnement et placer au frais.

Préparation de l'émulsion
_ Équeuter une demi-botte de mélisse fraîche et la verser dans 50 cl de lait entier avec une pincée de sel. Porter à ébullition et laisser infuser à couvert 15 min hors du feu.
_ Filtrer l'infusion à l'aide d'une passette et réserver à température ambiante.

Finition
_ Verser la crème de petits pois à côté des tatakis ou dans une verrine.
_ Sur une assiette, dresser la purée de petits pois à l'aide d'une cuillère.
Disposer les petits pois frais pour apporter du croquant.
_ À l'aide d'un couteau fin et tranchant, tailler les tatakis de saumon puis retirer le film.
_ Les dresser sur l'assiette. Ajouter une pincée de fleur de sel. Terminer en décorant avec les pousses de petits pois ou une herbe aromatique de votre choix.
_ Émulsionner l'infusion à la mélisse à l'aide d'un mixeur plongeant et disposer un nuage de mousse à l'aide d'une cuillère sur la crème de petits pois.

4 personnes
préparation : 25 min
+ 2 h de repos
cuisson : 5 min

LES TATAKIS
800 g de filet de saumon
huile d'olive vierge extra

LA DÉCLINAISON
600 g de petits pois frais
pousses de petits pois
gros sel
fleur de sel

L'ÉMULSION
50 cl de lait entier
1/2 botte de mélisse fraîche

*Les astérisques renvoient au glossaire

trilogie de saumon
chantilly wasabi

4 personnes
préparation la veille: 25 min
repos : une nuit (la marinade)
cuisson : 15 min

LE POISSON
1 kg de filet de saumon

LA MARINADE
200 g de gros sel
125 g de sucre
les zestes d'un citron vert
les zestes d'une orange
2 badianes ou anis étoilé
5 g de graines de coriandre
6 cuil. à soupe
de graines de sésame noir

LE TARTARE
1 courgette jaune
les zestes d'un citron vert
10 g de gingembre râpé
huile d'olive vierge extra
fleur de sel

LE TABOULÉ
100 g de quinoa blanc
100 g de quinoa rouge
1 poivron rouge
1 tomate
1/2 concombre
le jus d'un citron
1/2 botte de coriandre fraîche
huile d'olive vierge extra
piment d'Espelette
gros sel, fleur de sel

_ Couper le filet de saumon en 3 morceaux pour réaliser chaque recette de la trilogie.

Préparation du saumon mariné (la veille)
_ Dans un saladier, préparer la marinade en mélangeant tous les ingrédients, sauf le sésame.
_ Dans un plat, disposer une première couche de marinade. Déposer un des 3 morceaux de saumon. Le recouvrir du reste de marinade. Filmer le plat et le placer au frais toute la nuit. Le lendemain, sortir le saumon de la marinade. Le rincer sous l'eau froide et le sécher dans un torchon propre. Ôter la peau du saumon à l'aide d'un couteau fin et tranchant.
_ Tailler 4 rectangles de taille identique.
_ Sur une assiette, verser le sésame noir et paner les rectangles de saumon d'un côté.
_ Dresser sur assiette.

Préparation du tartare
_ Tailler le deuxième morceau de saumon en cubes de 5 mm environ.
_ Laver la courgette et la tailler de la même manière.
_ Dans un saladier, déposer le saumon et la courgette. Assaisonner avec les zestes de citron vert, le gingembre, une cuillère à soupe d'huile d'olive et la fleur de sel.

Préparation du saumon vapeur
_ Découper le dernier morceau de saumon en 4 rectangles en conservant la peau.
_ Assaisonner de fleur de sel. Les déposer dans un cuiseur vapeur*. Cuire 3 min. Le cœur du poisson doit rester cru. Vérifier la cuisson à l'aide d'une aiguille*. Sortir du cuiseur et dresser sur une assiette.

Préparation du taboulé de quinoa
_ Dans une casserole d'eau bouillante salée, verser le quinoa. Le cuire environ 10 min. Vérifier la cuisson. Il doit rester légèrement croquant. L'égoutter dans une passoire puis le refroidir sous un filet d'eau. Placer au frais.
_ Laver les légumes. Épépiner puis tailler le poivron en cubes. Tailler la tomate en 4 et éliminer les pépins, puis tailler en cubes. Éplucher et épépiner le concombre. Le tailler lui aussi.
_ Ciseler la coriandre fraîche.
_ Dans un saladier, mélanger l'ensemble de ces ingrédients (quinoa, tomate, poivron, concombre, coriandre). Assaisonner avec le jus de citron, un filet d'huile d'olive, une pincée de fleur de sel et du piment d'Espelette. Servir très frais.

LIRE SUR **LE SAUMON** [P. 50]

Astuce du chef
_ Servir cette trilogie de saumon en entrée avec une crème aigrelette* ou une chantilly au wasabi (pour 4 personnes : à l'aide d'un batteur, monter 25 cl de crème liquide, avec une petite cuillère à café de wasabi et une pincée de sel).

4 personnes
préparation : 1 h
cuisson : 6 min

Préparation du saumon

_ Préchauffer votre four à 230°C.

_ Sur une feuille de papier sulfurisé, disposer un dos de saumon côté peau dessus. Replier soigneusement les 4 côtés de la feuille. Répéter l'opération pour chaque dos. Placer au frais.

_ Découper l'argile en 4 pavés. Étaler chacun d'entre eux en rectangles de 19 sur 11 cm, d'une épaisseur de 8 mm environ, sur une feuille de papier sulfurisé à l'aide d'une bouteille en verre afin de ne pas abîmer votre rouleau à pâtisserie.

_ Disposer chaque papillote de saumon sur l'argile côté peau dessous. Replier les quatre côtés et souder à la main. Retourner les pavés et les déposer sur une plaque recouverte de papier sulfurisé.

_ Cuire 6 min. Sortir du four et laisser reposer 3 min.

_ Casser la croûte d'argile à l'aide du dos d'une cuillère. Sortir les papillotes, puis retirer le saumon du papier. Couper les extrémités blanchâtres des pavés. Tailler les pavés en biseaux. Ajouter une pincée de fleur de sel.

_ Disposer une moitié debout à la verticale afin de donner du volume dans l'assiette et l'autre à l'horizontale afin de mettre en évidence la cuisson du saumon.

LES INGRÉDIENTS

4 dos de saumon
de 200 g chacun
1 kg d'argile
2 bulbes de fenouil
le jus d'un citron
1/2 botte d'aneth
huile d'olive vierge extra
fleur de sel

LE MATÉRIEL

papier sulfurisé

dos de saumon
en croûte d'argile, salade de fenouil croquant

Préparation des légumes

_ Laver et éplucher le fenouil. Supprimer le pédoncule et tailler finement le fenouil à la mandoline*. Le déposer dans une eau glacée 10 min pour le rendre un peu plus croquant. Bien égoutter.

_ Dans un saladier, assaisonner avec le jus de citron, l'huile d'olive, l'aneth haché et une pincée de sel. Servir avec le poisson.

LIRE SUR **LE SAUMON** [P. 50]

brandade sphérique
coulis de poivrons rouges

4 personnes
préparation : 45 min
repos : 3 h
cuisson : 1 h 30

LE COULIS
2 poivrons rouges
1 oignon
huile d'olive vierge extra

LA BRANDADE
800 g de cabillaud
200 g de pommes de terre
3 œufs entiers
100 g de farine
200 g de chapelure
2 gousses d'ail
1 branche de thym
1 feuille de laurier
1 L de lait
4 cuil. à soupe
d'huile d'olive vierge extra
piment d'Espelette
fleur de sel
gros sel

LE MATÉRIEL
1 moule en silicone
demi-sphère
(de 7 cm de diamètre)

Préparation du coulis
_ Éplucher et émincer l'oignon. Laver, épépiner puis émincer les poivrons.
_ Faire suer l'oignon dans un filet d'huile d'olive, puis ajouter le poivron émincé.
_ Laisser compoter une demi-heure à couvert et à feu doux.
_ Mixer l'ensemble. Passer au chinois. Rectifier l'assaisonnement. Placer au frais.

Préparation de la brandade
_ Demander à votre poissonnier de lever un filet de cabillaud, sans peau, ni arêtes. Tailler le filet de cabillaud en morceaux. Les placer dans une casserole. Ajouter le lait, le thym, le laurier, l'ail haché et cuire à feu doux environ 35 min. Retirer le thym et le laurier.
_ Égoutter le cabillaud. Prendre soin de récupérer le lait de cuisson.

_ Laver et éplucher les pommes de terre. Les couper en quartiers. Les mettre dans une casserole remplie d'eau froide avec une pincée de gros sel. Cuire à feu doux 15 min.
_ Vérifier la cuisson avec la pointe d'un couteau. Égoutter les pommes de terre. Les passer au moulin à purée.
_ Verser cette pulpe de pommes de terre dans une casserole. La laisser 2 min dessécher à feu doux. Toujours sur le feu, ajouter la chair de cabillaud, les 4 cuillères d'huile d'olive et mélanger délicatement à l'aide d'une spatule. La chair va ainsi s'émietter doucement dans la purée. Ajouter au fur et à mesure une partie du lait de cuisson. Ne pas tout mettre afin d'éviter qu'elle ne devienne trop liquide. Laisser cuire lentement cette brandade une demi-heure. Remuer régulièrement afin qu'elle n'accroche pas au récipient.
_ Réctifier l'assaisonnement avec de la fleur de sel et du piment d'Espelette.
_ Déposer la brandade dans un saladier. Placer au frais.

Finition
_ Garnir les 8 demi-sphères d'un moule en silicone avec la brandade.
_ Placer le moule au congélateur environ 3h pour durcir la brandade.
_ Retirer du congélateur. Démouler les demi-sphères et les coller ensemble afin de réaliser des sphères. Serrer fortement. Rouler chacune d'entres elles dans la farine, dans les œufs battus puis dans la chapelure. Rouler de nouveau dans les œufs et la chapelure.
_ Dans une friteuse à 180°C, plonger les sphères environ 5 min.
_ Les sortir de l'huile. Laisser reposer 3 min. Vérifier la température à cœur à l'aide d'une aiguille*. Replonger si nécessaire 1 à 2 min.
_ Égoutter sur un papier absorbant. Dresser les sphères sur une assiette accompagnées du coulis, qui peut être servi chaud ou froid.

LIRE SUR **LE CABILLAUD** [P. 52]

4 personnes
préparation : 30 min
marinade : 6 h
repos : 12 h

cabillaud façon gravlaks légumes pickels

LE POISSON

800 g de filet de cabillaud

LA MARINADE

200 g de sucre
les zestes d'une orange
les zestes d'un citron vert
10 g de graines de coriandre
2 badianes ou anis étoilés
2 clous de girofle
1 baie de genièvre
15 g de poivre mignonnette
250 g de gros sel
fleur de sel

LES LÉGUMES

1 carotte
1 poivron rouge
1 botte de radis
1 chou-fleur
1 poivron vert
70 cl d'eau
200 g de sucre
20 cl de vinaigre blanc
40 g de gingembre
1 botte de coriandre

Préparation du gravlaks

_ Demander à votre poissonnier de préparer le filet de cabillaud sans peau, ni arêtes.
_ Pour la marinade gravlaks, mélanger dans un saladier l'ensemble des ingrédients.
_ Dans un plat adapté à la taille du filet, disposer une première couche de marinade. Déposer le cabillaud. Le recouvrir du reste de marinade. Filmer le plat et le placer au frais durant 6h.
_ Sortir le plat du réfrigérateur. Ôter le filet de cabillaud de la marinade et le rincer sous un filet d'eau froide. Jeter toute l'eau rendue par la marinade.
_ Sécher le cabillaud dans un torchon propre. Le déposer dans un plat. Le filmer et laisser reposer 12h au frais, pour que les parfums pénètrent au cœur du cabillaud et obtenir une belle transparence.
_ Sortir le cabillaud, le disposer sur une planche. Passer votre couteau sous un filet d'eau froide pour faciliter la découpe. Tailler de fines tranches du cabillaud gravlaks et les disposer sur une assiette.
_ Parsemer légèrement de fleur de sel.

Préparation des légumes

_ Tailler les légumes en essayant de varier les formes et les tailles afin de donner du volume lors du dressage.
_ Porter à ébullition l'eau, le sucre, le vinaigre. Ajouter hors du feu le gingembre et la coriandre fraîche. Laisser infuser 5 min et verser le tout, à chaud, sur les légumes.
_ Laisser refroidir à température ambiante. Placer au frais 2h minimum. Égoutter les légumes avant de les servir avec le gravlaks.

cabillaud en papillote
légumes d'un aïoli

4 personnes
préparation : 30 min
cuisson : 15 min

LE POISSON

4 dos de cabillaud
de 200 g chacun

LES PAPILLOTES

60 g de haricots verts
60 g de fèves
8 pointes d'asperges
60 g de petits pois
1 botte d'oignons nouveaux
8 carottes fanes
1 courgette verte
4 mini pâtissons jaunes
80 g de pommes de terre grenaille
1 verre de vin blanc
le jus d'un citron
romarin
1 bâton de citronnelle
fleur de sel
sel

LE MATÉRIEL

1 rouleau de carta fata®
ficelle ou raphia

Préparation du poisson

_ Demander à votre poissonnier de préparer 4 dos de cabillaud de 200 g, sans arêtes mais en conservant la peau. Garder la peau permettra d'éviter que la poisson ne s'émiette durant la cuisson.

Préparation des légumes

_ Laver tous les légumes. Couper la courgette en 4 dans le sens de la longueur. D'un coup de lame, épépiner ces quartiers et les couper en morceaux d'1 cm de long.
_ Blanchir à l'anglaise* tous les légumes verts (courgettes, haricots verts, fèves, pointes d'asperges et petits pois) : dans une casserole d'eau bouillante salée, blanchir les légumes 1 min et les rafraîchir dans une eau glacée afin de conserver leur couleur.

_ Retirer la première peau des oignons nouveaux.
_ Les tailler en 2 dans la longueur. Tailler les mini pâtissons en 4.
_ Éplucher les carottes fanes.
_ Blanchir à l'anglaise* les oignons, pâtissons et carottes.
_ Plonger les pommes de terre grenaille dans une casserole d'eau froide salée et faire cuire à feu doux 8 min environ. Vérifier la cuisson à l'aide d'un couteau.

Préparation de la papillote

_ À l'aide d'une paire de ciseaux, détailler 4 feuilles de carta fata® de 50 cm de côté.
_ Au centre de chaque feuille, disposer un dos de cabillaud assaisonné de fleur de sel ainsi que l'ensemble des légumes.
_ Ajouter le verre de vin blanc et le jus de citron en les répartissants dans les 4 papillotes. Le vin blanc et le jus de citron vont apporter du goût mais aussi de l'humidité pour créer de la vapeur. Ajouter une branche de romarin et 1/4 de bâton de citronnelle. Façonner les papillotes en les fermants à l'aide d'une ficelle ou de raphia.
_ Cuire 6 à 8 min dans une poêle antiadhésive sans rajouter de matière grasse.
_ Placer dans des assiettes. À l'aide d'une paire de ciseaux, couper sous le nœud, ouvrir et déguster directement dans les papillotes.

Astuce du chef

_ Sans rouleau de carta fata® transparent, utiliser du papier aluminium, et cuire au four à 230°C pendant 5 min.

LIRE SUR **LE CABILLAUD** [P. 52]

Astuces du chef
_ Accompagner ce plat de rouille : une sauce provençale au safran, piment d'Espelette, ail, pulpe de pommes de terre et huile d'olive.
_ Il est aussi possible de pocher les pavés de lieu dans une soupe de poisson.
Et la servir également.

lieu noir safrané
compressé de bouillabaisse

4 personnes
préparation : 45 min
cuisson : 20 min

LE POISSON
4 pavés de lieu noir de 200 g chacun
pistils de safran du Quercy
1 L de fumet de poisson*
(ou un bouillon cube)

LES COMPRESSÉS
2 grosses pommes de terre
2 bottes de mini poireaux
2 fenouils
8 pétales de tomates confites*
poudre de safran du Quercy
huile d'olive vierge extra
sel

LE MATÉRIEL
4 emporte-pièces rectangulaires (de 8 x 4 cm)

Préparation des compressés
_ Laver, éplucher les pommes de terre et les tailler dans le sens de la longueur, d'une épaisseur de 5 mm à l'aide d'une mandoline*.
_ Dans une casserole remplie d'eau, ajouter une pincée de sel et de poudre de safran. Cuire les pommes de terre 4 min à feu doux. Ne pas faire bouillir afin que les lamelles de pommes de terre restent entières. Vérifier la cuisson en les piquant. Égoutter délicatement à l'aide d'une écumoire. Placer au frais.
_ Préparer les mini poireaux en taillant la base et en retirant la première peau. Les laver et les cuire à l'anglaise* : dans une casserole, les cuire dans une eau bouillante salée puis les refroidir dans une eau glacée. Ceci leur permettra de conserver leur couleur. Les égoutter et placer au frais.
_ Laver et veiller à retirer la première peau des fenouils. Tailler finement à l'aide d'une mandoline*. Verser un filet d'huile d'olive dans une casserole et faire suer les fenouils. Ajouter du sel et de la poudre de safran. Laisser compoter à couvert environ 10 min. Les égoutter et placer au frais.
_ Dans un emporte-pièce rectangulaire, monter les compressés. Commencer par une couche de pommes de terre safranée. Ajouter de la compotée de fenouil. Presser à l'aide d'une cuillère. Ajouter une couche de tomates confites, ensuite une autre couche de pommes de terre et terminer par une couche de mini poireaux. Monter les autres compressés de la même manière.
_ Dans un cuiseur vapeur*, réchauffer 5 min les compressés en conservant les emporte-pièces. Vérifier la chaleur à l'aide d'une aiguille*. Celle-ci doit ressortir chaude.

Préparation du poisson
_ Dans une casserole remplie d'un litre de fumet de poisson, ajouter une pincée de sel et une pincée de pistils de safran. À frémissement, déposer les pavés de lieu noir et les pocher 7 min. À l'aide d'une aiguille*, vérifier la cuisson. Les sortir délicatement à l'aide d'une écumoire et les égoutter sur un papier absorbant. Les placer sur l'assiette à côté des compressés. Retirer les emporte-pièces.

LIRE SUR **LE LIEU NOIR** [P. 54]

lieu noir en cocotte lutée
légumes parfumés à la bergamote

LIRE SUR **LE LIEU NOIR** [P. 54]

Préparation de la pâte à luter

_ Dans un saladier, mélanger la farine, les zestes de bergamote et les herbes de Provence. Faire bouillir l'eau et la verser sur le mélange. Travailler hors du feu jusqu'à l'obtention d'une pâte homogène. Laisser refroidir à température ambiante.

_ À l'aide d'un rouleau à pâtisserie, étaler la pâte à 5 mm d'épaisseur environ. Découper des bandes de 4 cm de largeur et d'une longueur supérieure à la circonférence de la cocotte. Les filmer individuellement et les placer au frais. Cette préparation peut être réalisée la veille.

Préparation des légumes

_ Laver tous les légumes. Éplucher la carotte. Couper tous les légumes de taille identique.

_ Blanchir à l'anglaise tous les légumes (haricots verts, pois gourmands, carottes, brocolis, mini pâtissons, radis) : dans une casserole d'eau bouillante salée, blanchir les légumes 1 min et les rafraîchir dans une eau glacée afin de conserver leur couleur.

_ Verser un petit verre d'eau dans une poêle, le beurre et la moitié des zestes de bergamote. Chauffer à feu doux. Ajouter l'ensemble des légumes et les tomates confites. Mélanger afin qu'ils s'enrobent de ce glaçage. Assaisonner.

Préparation de la cocotte

_ Préchauffer le four à 230°C.

_ Placer les légumes au fond des cocottes. Ajouter 10 cl de fond de blanc de volaille*.

_ Assaisonner les pavés de lieu noir de fleur de sel et placer chacun d'entre eux sur les légumes dans chaque cocotte, côté peau dessus. Râper le restant de la bergamote sur les pavés de poisson.

_ Fermer les cocottes. Sortir les bandes de pâte du frais et retirer le film. Placer les bandes sur les pourtours des cocottes afin de les souder hermétiquement. Bien appuyer sur la pâte pour éviter que la vapeur ne s'échappe lors de la cuisson.

_ À l'aide d'un pinceau, badigeonner les bandes de pâte à luter avec du jaune d'œuf.

_ Cuire au four 8 min. Sortir du four et laisser reposer 3 min. Servir.

Astuces du chef

_ Réaliser cette recette dans une seule grande cocotte.

_ Faire la recette à l'avance. À l'arrivée des invités, enfourner les cocottes.

_ Afin de profiter pleinement des parfums de bergamote qui ne manqueront de surgir à l'ouverture des cocottes, laissez les convives casser la pâte à luter à table.

pour 4 personnes
préparation : 40 min
cuisson : 10 min

LE POISSON

4 pavés de lieu noir de 200 g chacun

LA PÂTE À LUTER

500 g de farine
les zestes d'une bergamote
1 cuil. à soupe d'herbes de Provence
250 cl d'eau
1 jaune d'œuf

LES LÉGUMES

100 g de haricots verts
80 g de pois gourmands
1 carotte
1/2 brocoli
4 mini pâtissons jaunes
8 radis ronds
4 tomates confites
les zestes d'une bergamote
40 cl de fond blanc de volaille*
(ou un bouillon cube)
50 g de beurre
fleur de sel
poivre

LE MATÉRIEL

4 petites cocottes (en fonte ou en pyrex)

STAUB
STAUB

LIRE SUR **L'ÉGLEFIN** [P. 56]

croustillants d'églefin au basilic
vinaigrette mangue

4 personnes
préparation : 25 min
cuisson : 2 min

LES CROUSTILLANTS
600 g de filet d'églefin
1 paquet de feuilles de brick
1 botte de basilic
sel fin

LA VINAIGRETTE
1 mangue très mûre
10 cl d'huile d'olive vierge extra
4 cl de vinaigre de Xérès
1 pincée de quatre-épices

MATÉRIEL
friteuse

Préparation des croustillants

_ Demander à votre poissonnier de lever le filet d'églefin, sans peau, ni arêtes. Tailler le filet d'églefin en biseau afin d'obtenir des lanières d'environ 1,5 cm de côté et 6 cm de longueur.

_ Couper les feuilles de brick en 4. Disposer sur chaque base des triangles ainsi obtenus une feuille de basilic puis une lanière d'églefin. Assaisonner de sel fin. Rouler chaque triangle et les fixer à l'aide de cure-dents. Les placer au frais.

Préparation de la vinaigrette

_ Dans un mixeur, placer la mangue épluchée et dénoyautée. Mixer jusqu'à l'obtention d'un coulis. Ajouter dans le mixeur le vinaigre de Xérès, le quatre-épices puis l'huile d'olive.

_ À la fin, éventuellement filtrer la vinaigrette dans une passette afin d'éliminer les fibres de mangue restantes.

Finition

_ Préchauffer la friteuse à 180°C.

_ Frire les croustillants 2 min. Les égoutter sur un papier absorbant. Retirer les cure-dents.

_ Agrémenter les assiettes de quelques pousses de salades et de cubes de mangues.

_ Servir la vinaigrette.

pavé d'églefin vapeur
carpaccio de tomates anciennes

4 personnes
préparation : 15 min
cuisson : 5 min

LE POISSON
4 pavés d'églefin
de 180 g chacun

LE CARPACCIO
6 belles tomates
(green zébra,
jaune Saint-Vincent,
orange Bourgoin)
10 feuilles de basilic frais
4 cuil. à soupe
d'huile d'olive vierge extra
le jus d'un demi-citron
fleur de sel à la lavande
poivre

LE MATÉRIEL
cuiseur vapeur*

Préparation des tomates

_ Laver les tomates, retirer les pédoncules et les couper en tranches très fines. Les saler et laisser dégorger 1h.
_ Ôter l'eau rendue par les tomates.

Préparation du poisson

_ Demander à votre poissonnier de lever 4 pavés d'églefin, sans arêtes, et de préférence épais.
_ Placer les pavés dans un cuiseur vapeur* environ 4 à 5 min.
_ À l'aide d'une aiguille*, vérifier la cuisson. Assaisonner avec de la fleur de sel à la lavande.

Finition

_ Dans un bol, mélanger l'huile d'olive et le jus de citron. Saler, poivrer.
_ Assaisonner les tomates avec cette vinaigrette.
_ Répartir le basilic fraîchement ciselé sur les tomates.
_ Dresser les pavés à côté des tomates.

LIRE SUR **L'ÉGLEFIN** [P. 56]

églefin en croûte d'herbes
risotto d'épeautre et girolles

4 personnes
préparation : 40 min
repos : 2 h
cuisson : 35 min

LE POISSON

4 pavés d'églefin de 200 g chacun

LA CROÛTE D'HERBES

300 g de mie de pain
2 gousses d'ail
8 feuilles de basilic
2 bottes de persil
1 branche de thym citron
1 branche de sarriette
1 branche de marjolaine
200 g de beurre pommade*

LE RISOTTO

240 g d'épeautre
300 g de petites girolles
1 oignon blanc
2 échalotes
1/2 botte de persil
1 verre de vin blanc
600 g de fond blanc de volaille* (ou un bouillon cube)
120 g de parmesan râpé
20 g de beurre
huile d'olive vierge extra
fleur de sel
sel, poivre

Préparation de la croûte d'herbes

_ Mixer la mie de pain avec les gousses d'ail épluchées et dégermées, puis ajouter les herbes hachées (basilic, persil, thym citron, sarriette, marjolaine). Incorporer le beurre.

_ Étaler cette pâte à environ 4 mm d'épaisseur entre deux feuilles de papier sulfurisé à l'aide d'un rouleau à pâtisserie. Placer au congélateur 2 h.

Préparation du risotto

_ Verser un filet d'huile d'olive dans une casserole et faire suer l'oignon épluché et ciselé. Ajouter l'épeautre et faire suer 1 min. Verser le verre de vin blanc, remuer régulièrement. Faire réduire à feu doux. Laisser cuire environ 25 min en versant le fond blanc de volaille* de temps à autre. Vérifier la cuisson. Il faut garder les grains d'épeautre croquants. Assaisonner de sel et de poivre. Ajouter le parmesan râpé et le beurre. Remuer.

_ Préchauffer le four en position grill.

_ Gratter les pieds des girolles pour retirer la terre. Les laver plusieurs fois. Éplucher et ciseler* finement les échalotes. Laver, équeuter et ciseler le persil. Verser un filet d'huile d'olive dans une poêle, à feu vif, sauter les girolles une première fois pour faire sortir l'eau de végétation des champignons. Égoutter, puis sauter une seconde fois au beurre avec les échalotes ciselées. Saler, poivrer et ajouter au dernier moment le persil ciselé. Réserver.

Finition

_ Assaisonner les pavés d'églefin avec de la fleur de sel.

_ Cuire 4 min dans un cuiseur vapeur*. Sortir les pavés et retirer la peau.

_ Sortir la croûte d'herbes du congélateur et la tailler au format des pavés. Retirer les feuilles de papier sulfurisé des croûtes d'herbes. Les disposer sur les pavés de poisson. Terminer la cuisson des pavés 4 min sous le grill du four. La croûte doit être légèrement colorée. Vérifier la cuisson à l'aide d'une aiguille*.

_ Servir sur une assiette avec le risotto d'épeautre et les girolles.

LIRE SUR **L'ÉGLEFIN** [P. 56]

4 personnes
préparation : 30 min

crudité de truite des fjords
vinaigrette cacao

Préparation

_ Demander à votre poissonnier de lever un filet de truite des fjords de 800 g, sans peau, ni arêtes.

_ À l'aide d'un couteau fin et tranchant, tailler le filet dans le sens de la longueur en fines bandes de 6 cm sur 10 cm et d'environ 5 mm d'épaisseur.

_ Laver les légumes. Éplucher la carotte, le céleri et la betterave chioggia. À l'aide d'une mandoline ou d'un économe, tailler les légumes en fines lamelles puis en julienne*. Dans un saladier, mélanger et assaisonner avec du sel, un filet d'huile d'olive et le jus de citron.

_ Disposer les légumes dans le sens de la largeur sur les bandes assaisonnées de truite des fjords, en laissant les légumes dépasser de chaque côté. Ajouter les herbes effeuillées (cerfeuil, coriandre, aneth). Rouler les bandes de truite. Dresser sur les assiettes.

Préparation de la vinaigrette

_ Réaliser la vinaigrette en mélangeant le vinaigre balsamique, le sel et le poivre. Ajouter le cacao puis l'huile d'olive. Mélanger à l'aide d'un fouet. Servir.

LE POISSON

800 g de filet
de truite des fjords

LES LÉGUMES

1 carotte
2 branches de céleri
1 betterave chioggia
1/2 botte de cerfeuil
1/2 botte de coriandre
1/2 botte d'aneth
le jus d'un citron
huile d'olive vierge extra
sel

LA VINAIGRETTE

5 cuil. à soupe
d'huile d'olive vierge extra
1 cuil. à soupe
de vinaigre balsamique
1 cuil. à soupe de cacao
sel, poivre

LIRE SUR **LA TRUITE DES FJORDS** [P. 58]

pavé de truite des fjords
risotto carnaroli au chorizo

4 personnes
préparation : 30 min
cuisson : 35 min

LE POISSON
4 pavés de truite des fjords de 200 g chacun
huile d'olive vierge extra
beurre
fleur de sel

LE RISOTTO
300 g de chorizo
240 g de riz carnaroli
1 oignon
1 gousse d'ail
1 branche de thym
600 g de fond blanc de volaille*
(ou 1 bouillon cube)
20 cl de vin blanc
120 g de parmesan râpé
20 g de beurre
25 cl de crème liquide
25 cl de lait
huile d'olive vierge extra
sel, poivre

Préparation du risotto et de l'émulsion
_ Éplucher et ciseler* l'oignon. Verser un filet d'huile d'olive dans une casserole, à feu doux, et faire suer l'oignon et le riz pour le nacrer. Ajouter la branche de thym et la gousse d'ail. Déglacer : verser le vin blanc afin d'arrêter la cuisson puis faire réduire 2 min à feu doux. Cuire environ 15 min en versant du fond blanc de volaille* de temps à autre. Assaisonner de sel et de poivre. Réserver.
_ Retirer la peau du chorizo. Le tailler en brunoise*. Mettre les 2/3 de côté.
_ Dans une casserole, faire légèrement colorer à sec le tiers de chorizo restant. Ajouter la crème et le lait. Laisser cuire 10 min et mixer le tout. Passer la préparation à la passette et émulsionner* à l'aide d'un mixeur plongeant.

Préparation du poisson
_ Assaisonner les pavés de truite des fjords côté chair avec de la fleur de sel.
_ Verser un filet d'huile d'olive dans une poêle bien chaude et saisir les pavés côté peau. Les cuire 3 min à feu doux. Ajouter une belle noix de beurre et arroser les pavés en continu 3 min environ. Le beurre devient noisette. Cela cuit délicatement les pavés, les colore, les nourrit et ainsi leur donne du goût et du croustillant.
_ Vérifier la cuisson à l'aide d'une aiguille*. L'aiguille doit être légèrement chaude. Le poisson doit être entre 45 et 50°C à cœur.
_ Au dernier moment, rajouter le parmesan râpé, la brunoise de chorizo et une noix de beurre dans le risotto. Rectifier l'assaisonnement. Le risotto doit être moelleux et brillant.
_ Dresser le risotto sur une assiette, le pavé de truite des fjords et ajouter l'émulsion.

LIRE SUR **LA TRUITE DES FJORDS** [P. 58]

Astuce du chef
_ Traditionnellement en Italie, il n'y a pas de parmesan avec les produits de la mer. Je le rajoute ici par gourmandise.

truite des fjords laquée aux épices
légumes sautés aux sésames

4 personnes
préparation : 25 min
cuisson : 6 min

LE POISSON
4 dos de truite des fjords de 180 g chacun

LE LAQUAGE
30 g de gingembre frais
2 gousses d'ail
1/2 bâton de citronnelle
le zeste d'un citron vert
1 pincée de quatre-épices
1 cuil. à soupe de sésame
4 cuil. à soupe de miel
1 cuil. à soupe de sauce soja

LES LÉGUMES
1 carotte
1 poivron rouge
1 courgette
50 g de pois gourmands
1 chou chinois
2 oignons rouges
50 g de shiitaké
4 g de gingembre râpé
5 g de sésame noir
5 g de sésame blanc

L'ASSAISONNEMENT
huile de sésame torréfiée
huile d'olive vierge extra
sel, poivre

Préparation des légumes

_ Laver les légumes. Éplucher la carotte, épépiner le poivron. À l'aide d'une mandoline* tailler des rondelles de courgette et de carotte d'environ 3 mm d'épaisseur.
_ Couper le poivron et les pois gourmands en losange. Couper le chou chinois en lanières de 2 cm, et conserver 4 feuilles entières pour la décoration.
_ Éplucher et émincer l'oignon rouge. Éliminer les queues de champignons shiitaké et émincer* les têtes. Réserver les légumes pour les faire sauter à la poêle au dernier moment.

Préparation du laquage

_ Hacher le gingembre. Éplucher et écraser les gousses d'ail. Hacher la citronnelle. Tout mélanger dans une casserole avec le reste des ingrédients du laquage (zeste d'un citron vert, quatre-épices, sésame, miel, sauce soja).
_ Laisser infuser à feu doux 5 min. Retirer du feu et passer au chinois.

Préparation de la truite des fjords

_ Ne pas saler les truites des fjords, puisque la sauce soja est une préparation salée.
_ Dans une poêle à feu doux, verser le laquage. Déposer les 4 dos de truite des fjords côté présentation vers le haut. À l'aide d'une cuillère, les arroser soigneusement durant 5 min. La chaleur du laquage va parfumer le poisson, le cuire doucement et l'enrober d'une fine pellicule brillante. Si le laquage s'épaissit, le rallonger avec un filet d'eau.
_ Retirer du feu et déposer dans les assiettes.

_ Poêler les légumes dans un filet d'huile d'olive 1 min à feu vif, tout en remuant afin d'éviter trop de coloration. Saler et poivrer. Finir en intégrant le gingembre râpé, les sésames et un filet d'huile de sésame torréfiée. Ajouter les légumes dans les assiettes.

LIRE SUR **LA TRUITE DES FJORDS** [P. 58]

4 personnes
préparation : 25 min
cuisson : 20 min

tronçon de flétan blanc grillé
asperges vertes panées aux flocons d'avoine

LE POISSON
4 tronçons de flétan blanc de 200 g chacun
huile d'olive vierge extra
fleur de sel

LES ASPERGES
20 grosses asperges vertes
3 jaunes d'œufs
100 g de flocons d'avoine
100 g de parmesan râpé
huile d'olive vierge extra
beurre
sel, poivre

LIRE SUR **LE FLÉTAN BLANC** [P. 60]

Préparation des légumes

_ Casser à la main les pieds filandreux des asperges. Puis, à l'aide d'un économe, éplucher les asperges en conservant environ 4 cm de vert à partir de la tête. Retirer les toutes petites feuilles de la partie restante.
Verser un filet d'huile d'olive dans une poêle anti-adhésive et torréfier les flocons d'avoine. Saler légèrement.
_ Cuire les asperges dans de l'eau bouillante salée environ 8 min. Le temps de cuisson varie selon le diamètre des asperges, vérifier donc celle-ci à l'aide de la pointe d'un couteau. Les rafraîchir dans de l'eau glacée et les égoutter dans un torchon propre.
_ Assaisonner et mélanger les jaunes d'œufs.
_ Tremper la base épluchée des asperges dans les jaunes d'œufs, puis les rouler dans les flocons d'avoine torréfiés.
_ Parsemer le parmesan râpé sur les flocons d'avoine.
_ Gratiner les asperges sous le grill de votre four.

Préparation du poisson

_ Préchauffer le four à 230°C.
_ Demander à votre poissonnier de préparer 4 tronçons de flétan blanc de 200 g chacun. Les badigeonner à l'huile d'olive et les griller sur toutes les faces.
_ Assaisonner de fleur de sel. Terminer la cuisson au four à 230°C environ 7 min. À la sortie du four, vérifier la cuisson à l'aide d'une aiguille*. Ajouter de belles noix de beurre sur les poissons. Laisser fondre. À la cuillère, arroser les tronçons avec le beurre pour leur donner du goût et de la brillance. Poser les tronçons sur un papier absorbant afin d'éliminer le beurre superflu. Dresser le tout sur une assiette.

flétan blanc en croûte de sel
riz vénéré [PARTIE 1]

LIRE SUR **LE FLÉTAN BLANC** [P. 60]

4 personnes
préparation : 30 min
cuisson : 30 min

LE RIZ VÉNÉRÉ

400 g de riz vénéré
2 oignons
1 gousse d'ail
1 branche de thym
1 verre de vin blanc
1L de fond blanc de volaille*
(ou 1 bouillon cube)
huile d'olive vierge extra
sel

Préparation du riz vénéré

_ Éplucher et ciseler* les oignons.
_ Verser un filet d'huile d'olive dans une casserole et faire suer les oignons ciselés.
_ Ajouter le riz vénéré.
_ Ajouter la gousse d'ail écrasée et la branche de thym.
_ Mouiller avec le verre de vin blanc, remuer et laisser réduire.
_ Mouiller au fur et à mesure avec le fond blanc de volaille*. À mi-cuisson, ajouter le sel. Poursuivre la cuisson environ 35 min jusqu'à ce que le riz devienne *al dente*.

Astuces du chef

_ Accompagner le riz vénéré à votre guise de la même manière qu'un risotto.

LIRE SUR **LE FLÉTAN BLANC** [P. 60]

flétan blanc en croûte de sel

riz vénéré [PARTIE 2]

pour 4 personnes
préparation : 40 min
cuisson : 15 min

LE POISSON
4 pavés de flétan blanc de 200 g chacun

LA CROÛTE DE SEL
1 kg de sel de Guérande
1.6 kg de gros sel
400 g de farine
9 blancs d'œufs
10 g d'herbes de Provence
10 g de graines de fenouil sec (facultatif)

L'ÉMULSION
20 cl de lait
20 cl de crème liquide
100 g de poudre d'amande
des amandes fraîches (facultatif)

LE MATÉRIEL
1 emporte-pièce carré (de 14 x 14 cm)
du papier sulfurisé

Préparation du poisson
_ Demander à votre poissonnier de tailler 4 pavés de flétan blanc. Sur une feuille de papier sulfurisé, disposer un pavé côté peau dessus. Replier soigneusement les 4 côtés.
_ Répéter l'opération pour chaque pavé. Placer les papillotes au frais.

Préparation de la croûte de sel
_ Dans un saladier, mélanger le sel de Guérande, le gros sel, la farine, les graines de fenouil et les herbes de Provence. Ajouter les blancs d'œufs et mélanger afin d'obtenir une masse compacte mais légèrement friable.

Finition
_ Préchauffer le four à 230°C.
_ Poser votre emporte-pièce sur une plaque recouverte de papier sulfurisé. Y verser une première couche de croûte de sel de 1 cm d'épaisseur. Tasser légèrement. Déposer une papillote au centre puis recouvrir de croûte de sel. Lisser la surface. Retirer l'emporte-pièce.
_ Répéter l'opération pour les autres papillotes. Enfourner et cuire 10 min.
_ Retirer du four. Laisser reposer 5 min. À l'aide d'un couteau, ouvrir la croûte de sel par le dessus en contournant bien le pavé. Extraire le flétan blanc et le disposer sur une assiette.

Préparation de l'émulsion
_ Dans une casserole, verser le lait, la crème et la poudre d'amande.
_ Chauffer 3 min à feu doux. Mélanger régulièrement. Retirer du feu et filtrer à l'aide d'une passette. Émulsionner à l'aide d'un mixeur plongeant. Réserver.

Astuces du chef
_ Sans emporte-pièce carré, réaliser à la main la forme de la croûte de sel.
_ La croûte de sel va maîtriser délicatement la cuisson. Le flétan blanc étant un poisson très sensible à la chaleur, l'enfermer dans une croûte de sel permet de conserver le moelleux de sa chair.
_ Le parfum si spécifique du sel de Guérande mélangé aux graines de fenouil et aux herbes de Provence va infuser délicatement la chair du flétan blanc. Présenter à des convives ces pavés en croûte de sel fait toujours un bel effet. Entre amis, laisser chacun avoir le plaisir d'ouvrir le sien et de profiter ainsi des parfums qui s'échappent lorsque le couvercle est levé. Attention, l'exercice est délicat quand même.

petits éclairs de crevettes nordiques
façon cocktail

LIRE SUR **LA CREVETTE NORDIQUE** [P. 62]

pour 12 petits éclairs
préparation : 30 min
cuisson : 20 min

LA PÂTE À CHOUX
125 g de lait
60 g de beurre
65 g de farine
2 œufs
piment d'Espelette
sel, poivre

LA GARNITURE
200 g de crevettes nordiques décortiquées
1 pomelos rose
2 avocats
1/2 botte d'aneth
1 filet de jus de citron
sel, poivre

LE GLAÇAGE VERT
100 g de fondant (chez votre boulanger)
1 cuil. à soupe d'eau
1/4 d'avocat

LE GLAÇAGE ROSE
100 g de fondant (chez votre boulanger)
2 cuil. à soupe de jus de betterave

Préparation de la pâte à choux
_ Préchauffer le four à 190°C.
_ Dans une petite casserole, faire bouillir le lait avec une pincée de sel, de poivre, de piment d'Espelette et le beurre coupé en petits morceaux.
_ À ébullition, et toujours sur le feu, incorporer la farine tamisée à l'aide d'une spatule et mélanger vivement afin de dessécher la préparation.
_ Disposer dans un saladier et ajouter les œufs un à un. Mélanger.
_ Prendre une poche munie d'une douille cannelée et dresser les éclairs sur du papier sulfurisé.
_ Cuire au four, statique de préférence, 15 min à 190°C.

Préparation de la garniture
_ Peler les pomelos à vif afin de récupérer les suprêmes*.
_ Couper les avocats en 2. Retirer les noyaux et la peau. Tailler un avocat en lamelles en conservant 1/4 de celui-ci, qui servira au glaçage.
_ Préparer un guacamole : mixer l'autre avocat avec un filet de jus de citron, la moitié de l'aneth haché, du sel et du poivre.

Préparation du glaçage
_ Chauffer le fondant avec l'eau et le quart d'avocat mixé dans une casserole à feu très doux. Attention à la température : le fondant ne doit pas dépasser 35°C, sinon il ternira et deviendra trop liquide. Le mélange doit rester épais et à peine coulant. Pour vérifier la température, poser la phalange d'un doigt. Il ne faut pas ressentir de chaleur.
_ Tremper le dessus des petits éclairs dans le fondant. Égaliser la surface avec un doigt afin de supprimer le surplus de fondant. Les disposer sur une assiette. Laisser durcir.
_ Réaliser la même opération avec le jus de betterave pour le glaçage rose. Faire fondre le fondant avec le jus de betterave dans une casserole à feu très doux. Tremper le dessus des petits éclairs dans le fondant. Égaliser la surface avec un doigt afin de supprimer le surplus de fondant. Les disposer sur une assiette. Laisser durcir.

Finition
_ Fendre les éclairs sur toute la longueur et les fourrer de guacamole, puis ajouter les suprêmes de pomelos, les lamelles d'avocats, les crevettes et l'aneth de façon harmonieuse.

gaspacho crevettes nordiques marinées, bruschettas

4 personnes
préparation : 40 min
(dont 10 min la veille)
repos : 3 h
cuisson : 2 min

LES CREVETTES

20 crevettes nordiques
1 poivron vert
4 oignons fanes
1 branche de thym
1 branche de romarin
1 branche d'origan
2 gousses d'ail
piment d'Espelette
huile d'olive vierge extra
sel, poivre

LE GASPACHO

1 poivron rouge
5 tomates bien mûres
1/2 concombre
1 branche de céleri
100 g de mie de pain
1 gousse d'ail hachée
15 feuilles de basilic
20 cl d'huile d'olive vierge extra
1/2 L de jus de tomate
2 cuil. à soupe de vinaigre de Xérès
1 cuil. à café de sauce Worcestershire
Tabasco
sel de céleri

LES BRUSCHETTAS

4 tranches de pain de campagne
1 gousse d'ail
2 cuil. à soupe d'huile d'olive vierge extra
sel et poivre

Préparation la veille

_ Préparer le gaspacho de préférence la veille.
_ Laver les légumes. Épépiner le poivron rouge. Éplucher le concombre et le céleri. Tailler tous les légumes en cubes. Verser ces légumes dans un saladier, et ajouter le reste des ingrédients (jus de tomate, ail haché, mie de pain, huile d'olive, vinaigre de Xérès, sauce Worcestershire, sel de céleri, feuilles de basilic, Tabasco).
_ Réserver au frais et laisser mariner une nuit.
_ Le lendemain, mixer longuement afin d'obtenir un gaspacho lisse et filtrer au chinois. Rectifier l'assaisonnement à votre convenance pour un gaspacho plus ou moins relevé.
_ Réserver au frais.

Préparation 3h à l'avance

_ Épépiner et tailler le poivron vert en morceaux.
_ Ôter la première peau des oignons fanes et les couper en 2. Hacher les herbes aromatiques (thym, romarin, origan) et les gousses d'ail dégermées.
_ Décortiquer les crevettes nordiques en gardant la queue et les placer dans un saladier. Ajouter les herbes aromatiques hachées, l'ail, le piment d'Espelette, le sel et le poivre.
_ Mélanger.
_ Ajouter 3 cuillères à soupe d'huile d'olive, les poivrons et les oignons. Réserver au frais pour laisser mariner.

Préparation finale

_ Sortir les crevettes nordiques de la marinade. Monter les brochettes en alternant les morceaux de poivron, d'oignon et les crevettes marinées.
_ Faire griller les tranches de pain quelques secondes sous le grill du four ou dans un grille-pain.
_ Frotter le pain avec une gousse d'ail. Verser un filet d'huile d'olive.
_ Verser le gaspacho bien frais dans une verrine, un bol ou une assiette. Disposer la bruschetta, puis la brochette.

LIRE SUR **LA CREVETTE NORDIQUE** [P. 62]

4 personnes
préparation : 15 min

LE CARPACCIO
12 noix de Saint-Jacques
2 citrons caviar
1 betterave chiogga
1 botte de basilic pourpre
1 poignée de pousses de salade selon votre marché (pousses de moutarde, pousses de betterave, pousses de blette...)

L'ASSAISONNEMENT
huile d'olive vierge extra
piment d'Espelette
fleur de sel

carpaccio de saint-jacques
citron caviar

Préparation

_ Placer les 4 assiettes de présentation au réfrigérateur.
_ Couper les citrons caviar en 2 dans le sens de la longueur. Extraire les vésicules à l'aide d'une cuillère à café. Retirer les pépins si nécessaire et conserver au frais.
_ À l'aide d'un couteau fin et tranchant, couper les noix de Saint-Jacques en fines lamelles. Les dresser en rosace sur les assiettes.
_ Éplucher et tailler finement la betterave chiogga à l'aide d'une mandoline* puis la tailler en fine julienne*.
_ Lustrer uniformément le carpaccio avec l'huile d'olive à l'aide d'un pinceau. Parsemer légèrement de fleur de sel et de piment d'Espelette. Répartir harmonieusement les vésicules de citron caviar sur les carpaccios et terminer avec les pousses de salade et la julienne de betterave pour la décoration.

Astuce du chef

_ À défaut de citron caviar, utiliser des zestes de citron vert.

LIRE SUR **LA SAINT-JACQUES** [P. 64]

saint-jacques poêlées
compressés d'asperges vertes

4 personnes
préparation : 30 min
cuisson : 10 min

LES COQUILLAGES
12 noix de Saint-Jacques
huile d'olive vierge extra
fleur de sel

LES COMPRESSÉS
2 carottes jaunes
500 g de pousses d'épinards
2 bottes d'asperges vertes
20 g de parmesan râpé
sel, poivre

L'ÉMULSION
du lait
de la crème liquide
sel

LE MATÉRIEL
4 emporte-pièces rectangles
(de 8 x 4 cm)

Préparation des compressés

_ Laver et éplucher les carottes. Les tailler en fines lamelles à l'aide d'une mandoline* ou d'un économe. Laver, blanchir* et bien égoutter les pousses d'épinards.

_ Effeuiller les asperges vertes le long de la tige.

_ Tailler les asperges de la même manière que les carottes, en fines lamelles.

_ Dans 4 emporte-pièces rectangulaires, placer successivement une couche de carottes, d'épinards puis d'asperges. Saupoudrer du parmesan râpé sur la surface. Assaisonner de sel et de poivre. Recommencer l'opération afin de remplir les emporte-pièces.

Préparation de l'émulsion

_ Récupérer les morceaux d'asperges qui n'ont pas servi au montage des compressés.

_ Afin d'obtenir à la fin une crème d'asperges bien verte, verser un filet d'huile d'olive dans une casserole et faire suer sans coloration les morceaux d'asperges à feu doux 1 min.

_ Couvrir les asperges pour moitié de crème liquide et pour moitié de lait. Assaisonner de sel fin. Laisser cuire 3 min. Retirer du feu. Mixer et filtrer à la passette.

Finition

_ Laisser les compressés dans les emporte-pièces et réchauffer dans un cuiseur vapeur* 5 à 6 min. Sonder la température des compressés à l'aide d'une aiguille*.

_ L'aiguille doit ressortir chaude.

_ Verser un filet d'huile d'olive dans une poêle antiadhésive et saisir les noix de Saint-Jacques assaisonnées de fleur de sel des deux côtés. Les égoutter sur un papier absorbant. Dresser sur une assiette. Glisser une spatule sous les compressés et les sortir. Les placer à côté des Saint-Jacques puis retirer les emporte-pièces.

_ Émulsionner la crème d'asperge à l'aide d'un mixeur plongeant, afin de faire rentrer de l'air et ainsi obtenir une émulsion. La déposer à l'aide d'une cuillère dans les assiettes.

LIRE SUR **LA SAINT-JACQUES** [P. 64]

saint-jacques poêlées
chutney de rhubarbe, légumes croquants

4 personnes
préparation : 20 min
cuisson : 20 min

LES COQUILLAGES
12 noix de Saint-Jacques

LE CHUTNEY
4 artichauts poivrade
50 g de petits pois
1 botte de mini carottes
8 asperges vertes
3 oignons nouveaux
4 tiges de rhubarbe
1 oignon
le jus de 4 citrons
200 g de sucre
2 cuil. à soupe
de vinaigre de Xérès
huile d'olive vierge extra
gros sel
fleur de sel

LIRE SUR **LA SAINT-JACQUES** [P. 64]

Préparation des légumes

_ Presser le jus de 3 citrons dans un saladier rempli d'eau froide. Mettre de côté les demi-citrons pressés.
_ Tourner les artichauts : à l'aide d'un petit couteau, éplucher les artichauts de haut en bas en allant de la queue vers le cœur. Pour le cœur, tourner autour afin de couper les feuilles pour conserver la forme de l'artichaut poivrade.
_ Frotter les artichauts tournés dans les demi-citrons pour les enrober de jus et ainsi éviter qu'ils ne s'oxydent. Les plonger ensuite dans l'eau citronnée.
_ À l'aide d'une cuillère à pomme parisienne* ou d'un couteau fin, retirer le « foin » des cœurs d'artichauts. Les replonger dans le même saladier. Placer au frais.
_ Cuire à l'anglaise* les petits pois : dans une eau salée bouillante, cuire 1 min puis stopper la cuisson en les plongeant dans une eau glacée.
_ Ôter la première peau des oignons nouveaux et les tailler en petits quartiers. Éplucher et tailler des copeaux de mini carottes à la mandoline*. Tailler des copeaux de pointes d'asperges et d'artichauts.

Préparation du chutney

_ Éplucher et émincer* les tiges de rhubarbe.
_ Mettre une tige de côté pour réaliser les chips.
_ Éplucher et ciseler* l'oignon. Verser un filet d'huile d'olive dans une casserole et les faire suer. Ajouter la rhubarbe émincée. Verser le vinaigre de Xérès et laisser compoter.
_ À l'aide d'un économe, tailler des copeaux de rhubarbe dans la longueur de la tige. Dans une casserole, faire bouillir 20 cl d'eau et 200 g de sucre pour obtenir un sirop. Tremper les copeaux de rhubarbe dans ce sirop puis les disposer sur une plaque recouverte de papier sulfurisé. Laisser sécher 2h au four à 60°C.

Finition

_ Verser un filet d'huile d'olive dans une poêle antiadhésive et saisir les noix de Saint-Jacques assaisonnées de fleur de sel des deux côtés. Les placer sur un papier absorbant puis dans l'assiette. Disposer à côté le chutney de rhubarbe.
_ Dans un saladier, assaisonner tous les légumes (carottes, asperges, artichauts, oignons, petits pois) avec de la fleur de sel, un filet d'huile d'olive, le jus d'un citron.
_ Disposer dans l'assiette avec les chips de rhubarbe.

soufflé chaud au crabe royal
coulis tomates basilic

LIRE SUR **LE CRABE ROYAL** [P. 66]

4 personnes
préparation : 45 min
cuisson : 30 min

LE CRUSTACÉ
1 crabe royal de 2 kg
ou 4 pattes de crabe royal
(voir l'astuce du chef)

LA BÉCHAMEL
40 g de farine tamisée
10 cl d'eau de cuisson
réduite du crabe royal
40 g de beurre
30 cl de lait
noix de muscade
sel, poivre

LE SOUFFLÉ
400 g de chair
de crabe royal
5 jaunes d'œufs
6 blancs d'œufs

LE COULIS
4 tomates
1 botte de basilic
25 cl de jus de tomate
huile d'olive vierge extra
sucre, sel

LE MATÉRIEL
4 moules à soufflé

Préparation du crabe royal

_ Séparer les pattes de la tête du crabe royal.
_ Dans une eau bouillante salée, cuire les pattes 7 min et la tête 10 min.
_ Afin d'éviter que la chair ne reste collée à la carapace, décortiquer les pattes à chaud en utilisant une paire de ciseaux. Récupérer également la chair à l'intérieur de la tête. Placer au frais.
_ Ne pas oublier de conserver un peu d'eau de cuisson pour la béchamel.

Préparation du coulis

_ Monder les tomates : faire une légère incision en croix sur le sommet des tomates et retirer le pédoncule. Les plonger 30 sec. dans une eau bouillante puis les plonger dans une eau glacée. Les éplucher. Les couper en 4 et les épépiner.
_ Verser un filet d'huile d'olive dans une casserole et faire compoter les tomates environ 1 min. Ensuite, ajouter le jus de tomate, 2 pincées de sucre et assaisonner de sel. Ajouter des feuilles de basilic et laisser cuire à feu doux 4 min.
_ Retirer du feu. Mixer. Passer à la passette et laisser refroidir.
_ Servir dans une verrine.

Préparation du soufflé

_ Faire un roux* avec le beurre et la farine.
_ Verser l'eau de cuisson dans une casserole et faire réduire 3 min à feu doux.
_ Incorporer au roux le lait et 10 cl d'eau de cuisson réduite du crabe royal.
_ Laisser le tout cuire 5 min à feu doux, en mélangeant régulièrement, afin d'obtenir une béchamel onctueuse. Assaisonner de sel, de poivre et de noix de muscade râpée.
_ Préchauffer le four à 200°C.
_ Incorporer 400 g de chair de crabe royal effilochée à la béchamel.
_ Rectifier l'assaisonnement si nécessaire.
_ Le secret d'un soufflé réussi est un équilibre de densité entre l'appareil de base et les blancs montés en neige. Donc, ajouter les 5 jaunes d'œufs et les 6 blancs d'œufs battus en neige.
_ Beurrer et fariner 4 petits moules à soufflé.
_ Verser la préparation délicatement et cuire 16 min sans ouvrir la porte du four, afin d'éviter un choc thermique qui ferait retomber les soufflés.
_ Sortir les soufflés du four et les servir sans attendre.

Astuce du chef

_ Le crabe royal entier vivant est un produit d'exception, pour l'obtenir il faut sans doute le précommander à votre poissonnier. En revanche, les pattes surgelées se trouvent facilement. Il suffit de procéder de la même manière, soit 7 min de cuisson.

4 personnes
préparation : 45 min
repos : 15 min
cuisson : 10 min

LE CRUSTACÉ

1 crabe royal de 2 kg
ou 4 pattes de crabe royal
(voir l'astuce du chef)

LES LÉGUMES

1 carotte jaune
1 carotte orange
50 g de tomates cerise
rouges et jaunes
1 fenouil
1/2 botte d'oignons nouveaux
1 botte de radis ronds
50 g de pois gourmands
le jus d'un citron jaune
petites fleurs du marché
2 cuil. à soupe de mayonnaise
huile d'olive vierge extra
fleur de sel

salade de crabe royal
légumes croquants

Préparation du crabe royal

_ Séparer les pattes de la tête du crabe royal.
_ Cuire dans une eau bouillante salée les pattes 7 min et la tête 10 min.
_ Afin d'éviter que la chair ne reste collée à la carapace, décortiquer les pattes à chaud en utilisant une paire de ciseaux. Récupérer la chair à l'intérieur de la tête. Placer au frais.

Préparation des légumes

_ Laver les légumes.
_ Éplucher les carottes et les tailler en julienne*. Couper les tomates cerise en 2.
_ À la mandoline, émincer* le fenouil, les oignons nouveaux et les radis. Tailler les pois gourmands en julienne.
_ Réserver l'ensemble de ces légumes 15 min, mis à part les tomates, dans un saladier d'eau glacée pour les garder très croquants. Égoutter les légumes. Dans un saladier, les assaisonner avec le jus de citron, un filet d'huile d'olive et de la fleur de sel. Ajouter les tomates.

_ Dans un second saladier, mélanger 2 cuillères à soupe de mayonnaise avec la chair de la tête du crabe royal. Rectifier l'assaisonnement.
_ Sur l'assiette, dresser les légumes en jouant sur les couleurs et le volume.
_ Disposer les pattes de crabe royal taillées en biseau et se servir de la chair de la tête mélangée à la mayonnaise pour disposer les légumes.
_ Décorer avec les petites fleurs du marché.

Astuce du chef

_ Le crabe royal entier vivant est un produit d'exception, pour l'obtenir il faut sans doute le précommander à votre poissonnier. En revanche, les pattes surgelées se trouvent facilement. Il suffit donc de procéder de la même manière, soit 7 min de cuisson.

LIRE SUR **LE CRABE ROYAL** [P. 66]

raviole ouverte de crabe royal
légumes printaniers, émulsion parmesan

4 personnes
préparation : 45 min
cuisson : 15 min

LE CRUSTACÉ
1 crabe royal de 2 kg
ou 4 pattes de crabe royal
(voir l'astuce du chef)

LES RAVIOLES
1 sachet de pâtes
à ravioles fraîches

LES LÉGUMES
50 g de pois gourmands
30 g de petits pois écossés
1 botte de radis ronds
1 carotte
1 carotte jaune
1 navet long
10 g de gingembre râpé
1 botte de coriandre
huile d'olive vierge extra
sel, poivre

L'ÉMULSION
20 cl de lait
20 cl de crème liquide
80 g de parmesan râpé

Préparation du crabe royal
_ Séparer les pattes de la tête du crabe royal. Dans une eau bouillante salée, cuire les pattes 7 min et la tête 10 min.
_ Afin d'éviter que la chair ne reste collée à la carapace, décortiquer les pattes à chaud en utilisant une paire de ciseaux. Récupérer également la chair à l'intérieur de la tête. Réserver au frais.

Préparation de l'émulsion
_ Dans une casserole, verser le lait, la crème et le parmesan.
_ Faire chauffer à feu doux 5 min afin de faire fondre le parmesan en mélangeant régulièrement. Retirer du feu et émulsionner à l'aide d'un mixeur plongeant. Réserver.

Préparation des légumes
_ Laver tous les légumes. Cuire à l'anglaise* les pois gourmands et les petits pois. Équeuter les radis, tout en conservant un peu de fanes. Les tailler en 2 dans la longueur. Éplucher les carottes et le navet. À l'aide d'une mandoline* ou d'un économe les tailler en lamelles puis les tailler en julienne*. Équeuter et ciseler* la botte de coriandre.
_ Verser un filet d'huile d'olive dans une casserole et saisir l'ensemble des légumes 1 min. Assaisonner. Ajouter le gingembre et la coriandre.
_ Réserver.

Finition
_ Plonger 8 carrés de pâtes à ravioles dans une eau bouillante salée.
_ Cuire environ 3 min.
_ Égoutter les pâtes et les lustrer avec un filet d'huile d'olive. Verser un filet d'huile d'olive dans une poêle et saisir les pattes taillées en biseau ainsi que la chair de crabe royal. Rectifier l'assaisonnement.
_ Dans chaque assiette, disposer une pâte à raviole. Disposer dessus les légumes sautés, des morceaux de crabe royal. Disposer une seconde pâte à ravioles.
_ Rajouter un étage supplémentaire si vous le souhaitez.
_ Ajouter l'émulsion parmesan dans les assiettes.

Astuce du chef
_ Le crabe royal entier vivant est un produit d'exception, pour l'obtenir il faut sans doute le précommander à votre poissonnier. En revanche, les pattes surgelées se trouvent facilement. Il suffit donc de procéder de la même manière, soit 7 min de cuisson.

LIRE SUR **LE CRABE ROYAL** [P. 66]

cannellonis de tourteau
gelée pommes verveine

LIRE SUR **LE TOURTEAU** [P. 68]

4 personnes
préparation : 25 min
+ feuilletage
cuisson : 10 min

LES CANNELLONIS

400 g de chair de tourteau
1 navet long
1 pomme Granny Smith
pousses de salade
20 g de mayonnaise
piment d'Espelette
sel

LA GELÉE

20 cl de jus de pomme Granny Smith
le jus d'un citron
10 feuilles de verveine fraîche
2 feuilles de gélatine

Préparation de la gelée

_ Dans un saladier, mettre à tremper les feuilles de gélatine dans de l'eau froide.
_ Verser le jus de pomme dans une casserole à feu doux, le jus de citron et les feuilles de verveine. Porter à frémissement. Retirer du feu.
_ Égoutter la gélatine et la faire fondre dans le mélange précédent. Laisser refroidir 15 min. Filtrer le mélange et verser dans 4 assiettes rondes légèrement creuses, puis mettre au frais et laisser figer.

Préparation des cannellonis

_ Laver et éplucher le navet long et le tailler à l'aide d'une mandoline* en tranches très fines d'1 mm d'épaisseur.
_ Dans un saladier, assaisonner la chair de tourteau avec la mayonnaise, du sel et une pincée de piment d'Espelette. Tailler à l'aide d'un couteau 4 rectangles de navet de 10 sur 12 cm. Déposer une cuillère de chair de tourteau puis rouler les cannellonis.
_ Couper les cannellonis en 2, légèrement en biseau et disposer sur les assiettes de gelée. Ajouter quelques jeunes pousses de salade pour le décor et de la julienne* de pommes Granny Smith. Servir.

Préparation du sacristain au piment d'Espelette

_ Prendre la recette du feuilletage (p. 132). Après le dernier repos de la pâte, et sans avoir rajouté de cacao dans la recette, continuer comme suit :
_ Badigeonner de jaunes d'œufs puis recouvrir de piment d'Espelette en poudre. Laisser reposer 10 min au froid.
_ Détailler des bandelettes de 20 cm de long sur 5 mm de large et 2 mm d'épaisseur. Torsader les bandelettes et déposer délicatement sur une plaque munie d'un papier sulfurisé. Cuire 7 min à 180°C.

pinces de tourteau
marmelade agrumes huile d'olive espuma de pomelos

LIRE SUR **LE TOURTEAU** [P. 68]

4 personnes
préparation : 25 min
cuisson : 15 min

LE CRUSTACÉ
400 g de chair de tourteau

LA MARMELADE
3 pomelos
2 oranges
1 citron vert
huile d'olive vierge extra
1 pincée de quatre-épices

LE MATÉRIEL
1 emporte-pièce rond
(environ 7 cm de diamètre)

Préparation

_ Peler à vif les agrumes et lever les suprêmes de 2 pomelos, des oranges et du citron vert. Conserver quelques suprêmes pour la décoration.

_ Conserver le jus des pomelos et presser le dernier pomelo. Le mettre dans un siphon avec 2 cartouches de gaz afin d'obtenir une espuma*.

_ Verser 4 cuillères à soupe d'huile d'olive dans une casserole et faire compoter rapidement tous les suprêmes d'agrumes. Ajouter une pincée de quatre-épices. Égoutter la marmelade et placer au frais.

_ Sur une assiette, déposer de la marmelade dans un emporte-pièce. Ajouter de la chair de tourteau. Retirer l'emporte-pièce. Disposer vos suprêmes d'agrumes pour la décoration. Renouveler l'opération pour les 3 assiettes suivantes.

_ Ajouter l'espuma au moment de servir.

Astuces du chef

_ Sans siphon, réaliser une crème aigrelette* : dans un bol, mélanger 25 cl de crème liquide, le jus d'un demi-pomelo, une pincée de sel, une pincée de piment d'Espelette. Mélanger le tout. L'acidité du pomelo va légèrement coaguler la crème, la figer, lui donner de la consistance et bien sûr du goût.

millefeuilles cacao
chantilly piment d'espelette
pinces de tourteau

4 personnes
préparation : 1 h 30
cuisson : 20 min

LE CRUSTACÉ
400 g de chair de tourteau

LE FEUILLETAGE
500 g de farine
100 g de beurre
20 g de cacao
25 cl d'eau
10 g de sel
250 g de beurre

LA CHANTILLY
20 cl de crème liquide
piment d'Espelette
1 botte d'aneth
petites fleurs du marché
sel

Préparation du feuilletage cacao

_ Dans la cuve d'un batteur, verser la farine, le sel, le cacao et l'eau. Réaliser la détrempe* en mélangeant à petite vitesse en utilisant le crochet. Obtenir un mélange homogène.
_ Rassembler la pâte en boule, inciser ce pâton (pour rompre l'élasticité) et le réserver 20 min au frais sur une assiette recouvert d'un torchon propre.
_ Assouplir le beurre à l'aide du rouleau à pâtisserie pour lui donner une forme carrée, de 10 cm de côté, de la même consistance que la détrempe.
_ Sortir la détrempe et l'étaler en carré de 20 cm de côté.
_ Disposer le beurre au centre de la détrempe puis replier les bords sans trop les superposer.
_ Égaliser l'épaisseur du pâton et l'abaisser* pour obtenir un rectangle trois fois plus long que large. Fleurer : saupoudrer fréquemment la table de travail de farine afin qu'elle ne colle pas. Ramener le tiers supérieur de l'abaisse sur celui du milieu puis replier le tiers inférieur sur les deux autres. Le premier tour est réalisé. Effectuer un quart de tour vers la droite, puis donner le deuxième tour : abaisser à nouveau le pâton en forme de rectangle trois fois plus long que large. Ramener le tiers supérieur de l'abaisse sur celui du milieu puis replier le tiers inférieur sur les deux autres. Le deuxième tour est réalisé.
_ Laisser se détendre la pâte 20 min au frais.
_ Donner le troisième et le quatrième tour, en procédant de la même manière que pour les deux premiers. Placer au frais 20 min à nouveau.
_ Donner le cinquième et le sixième tour, placer au frais.
_ L'abaisser à une épaisseur de 2 mm, puis le laisser reposer 20 min au frais.
_ Le cuire au four 5 min à 250°C, puis 15 min à 200°C. Dès la sortie du four, le déposer sur une planche et à l'aide d'un couteau scie découper des bandes de 10 cm de long sur 3 cm de large.

Préparation de la chantilly salée

_ Dans la cuve d'un batteur muni d'un fouet, verser la crème liquide, une pincée de sel, une pincée de piment d'Espelette, puis monter la chantilly à grande vitesse.
_ Effeuiller puis hacher la botte d'aneth en conservant quelques pluches pour la décoration.
_ Ajouter l'aneth dans la chantilly, puis la disposer dans une poche jetable munie d'une douille unie.
_ Dresser la chantilly sur les bandes de millefeuille, puis des morceaux de chair de tourteau.
_ Terminer par les pluches d'aneth et de fleurs du marché. Dresser sur assiette.

LIRE SUR **LE TOURTEAU** [P. 68]

SOLEIL DE MINUIT

Les photos ont été prises au mois de juin entre 3h et 6h du matin. Puis entre 19h et 22h... au moment où le soleil semble se coucher, jusqu'à nous faire la surprise de ne jamais vraiment disparaître !

MAKING OF [LOFOTEN 2010]

MICKAËL FÉVAL

Itinéraire d'un poisson-pilote

« J'ai toujours aimé les défis et j'aime par-dessus tout faire les choses par instinct. La passion qu'on m'a transmise, je prends plaisir à mon tour à la communiquer à ceux qui travaillent avec moi. Je veux les impliquer dans tout ce que j'entreprends. »

Belle profession de foi d'un cuisinier qui, depuis l'enfance, construit une carrière comme un saltimbanque, chemine d'une région à l'autre, d'une saison à l'autre. Mickaël Féval se souvient : dans la maison de famille, on a le goût des bons produits. Jean-Paul, le père, chasseur et pêcheur, fait découvrir chaque semaine la nature à Mickaël qui trouve naturel de ramasser les œufs dans le poulailler ou de manger les poissons pêchés autour de Soissons. Marie-Christine, la mère, cultive les herbes aromatiques dans le jardin et lui apprend chaque nom, chaque senteur. Déjà vers dix ans, il s'amuse à l'imiter en cuisine, l'aidant à préparer des gâteaux, avant d'attaquer les plats familiaux. *« Je voulais trouver ma voie, me motiver »*, se souvient-il. Et c'est cette trace-là, ancrée en lui, faite de farine et de jus de volaille qu'il voudra très vite exploiter en entrant au lycée professionnel de Sucy-en-Brie. *« La cuisine m'est alors apparue comme logique grâce à mon professeur, Christian Gillon. Comme une passion, une philosophie, un état d'esprit. »* Et puis, de la théorie à la pratique, c'est l'enchantement, la découverte d'une vraie cuisine de restaurant. Premier stage de deux mois à dix-sept ans chez Éric Briffard, petit génie de la création culinaire, maestro du poisson et de la viande, installé en terre picarde, sur le perchoir de Fère-en-Tardenois, un joli Relais & Châteaux presque secret situé à 25 km de Soissons. *« Je me suis immergé aussitôt et je n'ai pas très bien compris ce qu'il m'arrivait. J'ai voulu tester tous les postes, m'impliquer totalement. »* Et puis ce souvenir brûlant : Éric Briffard lui demande un jour de changer de veste et d'apporter une assiette d'amuse-bouches à des clients sur la terrasse. *« C'est la première fois que je me confrontais à la clientèle ; j'étais à la fois anxieux et fier. »* Il comprend très vite le rôle d'un vrai chef de cuisine, exigeant autant avec les produits qu'avec les hommes de son équipe. *« J'avais à la fois l'envie de m'affirmer et en même temps d'être plutôt humble. »* Fin du stage, félicitations et encouragements. Il retient alors la parole d'Éric Briffard : *« Le monde de la restauration est petit. On se croisera un jour »*. Il ne croit pas si bien dire…

LÉGENDE
Sur la photo ci-contre, il est 5 h du matin. Le soleil, encore bas sur l'horizon, vient de passer la cime des montagnes et inonde la plage de sa lumière aveuglante en quelques minutes. Nous sommes obligés de mettre fin à la séance photo. Il est l'heure de retourner à l'hôtel prendre un petit déjeuner norvégien.

METTRE EN AVANT LE PRODUIT SANS LE DÉNATURER

Après une cuisine confinée et aristocratique, Mickaël va désormais se frotter à un autre univers, moins protégé, celui d'un grand hôtel parisien, Le Méridien, où le rendement est roi. Cinquante soles à préparer, dix cabillauds et dix saumons à lever, Mickaël Féval apprend ce « passage obligé » avec ses rudes matinées sans temps mort. Un an plus tard, il se retrouve à l'île de la Réunion pour dix mois de service national, missionné pour préparer toutes sortes de buffets lors de réceptions données par l'état-major de l'armée. L'occasion de se frotter aux produits, aux marchés colorés et aux cuisines métissées en provenance de l'océan Indien. « *J'en suis revenu changé.* » Encouragé dans son périple, le jeune apprenti de cuisine revient à Paris et continue à explorer les cuisines des grands hôtels en étant appelé par Pierre-Dominique Cécillon à l'Hôtel Prince de Galles, au cœur du Triangle d'or ; tremplin idéal pour atterrir alors, onze mois plus tard auprès de son ancien formateur Éric Briffard qui l'accueille, cette fois, dans sa splendide cuisine du Plaza Athénée, couronnée de deux étoiles par le *Guide Michelin*. « *C'est une époque faste pour moi car j'ai occupé tous les postes, entre la brasserie, la cour Jardin et le Régence. Je n'ai travaillé alors que des produits de grande qualité, sous la houlette du sous-chef, Philippe Labbé.* » Cette fierté d'être coéquipier dans l'un des plus prestigieux palaces de la capitale, il va la cultiver ensuite auprès du plus médiatique des chefs français, Bernard Loiseau, ayant caressé le rêve de le servir à Saulieu, le jour où il l'avait entendu à la télévision discourir sur la courgette ! Coup de pouce bienheureux de Philippe Labbé. « *Bernard Loiseau était rempli d'énergie ; il nous impliquait dans tout, aussi bien dans la cuisine que dans sa vie privée car les cinquante salariés étaient en permanence ensemble* ». Il y avait les oursins, les gibiers, la tarte fine aux cèpes et le pithiviers de M. Briffard ; désormais il y aurait les grenouilles, la purée d'ail, le sandre au vin rouge et le canard colvert de M. Loiseau. « *Ces deux chefs m'ont appris à mettre en avant un produit sans le dénaturer.* » Mickaël Féval a retenu la leçon. Il n'a cessé de définir sa charte personnelle : « *Les cinq sens doivent se mettre en éveil dans une assiette ; celle-ci est forcément colorée, structurée et symétrique. Aller à l'essentiel est primordial pour moi. Le client doit avant tout se souvenir de ce qu'il a mangé* ».

DES ÉTOILES DANS LES YEUX

Mickaël Féval, fort de sa dernière aventure en Bourgogne, veut continuer son chemin initiatique en province. Ce sera Le Majestic à Cannes avec le chef Bruno Oger. « *Je l'avais rencontré en 2000, lors de la réception de* GaultMillau *quand il fut chef de l'année. Comme je voulais découvrir la cuisine méditerranéenne, il m'a accepté comme chef de partie.* » La fleur de courgette, l'huile d'olive, les parfums de Grasse, les calanques, la plongée, les poissons… C'est la période la plus ensoleillée de sa carrière de cuisinier. Dernière étape dans son exploration de la province : le restaurant triplement étoilé de Strasbourg, Buerehiesel, chez Antoine Westermann. Pour les cuisiniers de sa génération, ces « grands » de la cuisine française ont marqué sa construction professionnelle. C'est ainsi que Mickaël Féval a découvert les fournisseurs, ces artisans des produits de tous les jours. « *J'ai eu avec chacun d'eux, en les rencontrant au fur et à mesure, un véritable échange humain basé sur la connaissance de leurs produits. J'éprouve le besoin d'aller les voir chez eux, sur leur terrain.* »

Puis, est venu le grand retour à Paris, appelé par Thierry Barot, rencontré dans la cuisine au Plaza Athénée. « *J'avais beaucoup d'affinités avec lui. Notre relation s'est alors renforcée quand je suis devenu son sous-chef.* » Le défi à relever n'était pas mince : ouvrir le restaurant Il Palazzo dans le trop discret Normandy Hotel, installé au Palais Royal qui se refaisait une santé. Une cuisine italienne inspirée d'un côté, et une création osée de l'autre, fermer le restaurant le samedi midi pour le remplacer par un brunch entièrement dédié au chocolat. Une réussite médiatique et gustative qui donnera l'occasion à Mickaël Féval de collaborer à la rédaction de *Cuisinez chocolat* de Thierry Barot ; un livre de cuisine aux épices, herbes, fruits, légumes et… chocolat(s), préfacé par Michel Roth.

UNE CUISINE DE LA LIGNE CLAIRE

On retrouve Mickaël Féval en 2003, en pleine maturité professionnelle au Cap Seguin, à Boulogne, pour son premier poste de chef, tout en s'impliquant dans la direction du lieu. L'aventure durera presque cinq ans. Le projet de participer à l'ouverture d'un restaurant se fait jour avec la rencontre d'Antoine Vigneron, ancien du Bristol, qui lui propose de se concentrer uniquement sur une cuisine de la mer. Nouveau défi qui ne se refuse pas. *« J'avais envie de me confronter à une thématique que j'avais appris à connaître. M'attacher à la provenance des poissons, coquillages et crustacés, à leur fraîcheur, aux variétés ; c'était un vrai combat. »* En un an et demi, Mickaël Féval a travaillé cent cinquante variétés qu'il a fait découvrir à sa clientèle, et parmi elles, il en a découvert une dizaine, dont le saumon des dieux de Polynésie française ou la squille, ce crustacé originaire du Pacifique surnommé « la mante religieuse des mers ». *« C'est comme ça que j'ai découvert les produits de Norvège. Impressionnants par leur taille, leur pureté et leur saveur. Ça collait avec le type de cuisine que je voulais développer. Une ligne claire où le produit n'est pas masqué par une « sur-cuisine ». J'ai dû réfléchir à chacun, découvrir chaque cuisson, éviter les pièges qu'ils me tendaient. Tout n'allait pas de soi ! Ils m'ont obligé à être créatif et très réactif, livrés le matin, servis le midi... Pour le flétan blanc, par exemple, la croûte de sel est idéale. Elle permet de conserver toute son humidité. C'est un poisson difficile parce que la chair est dense et se dessèche vite. Le problème avec le poisson, c'est qu'en général on ne sait pas le cuire. Tout est là, dans la cuisson. »* Par des cuissons justes, en surface, rosé à l'arête, qui révèlent des saveurs insoupçonnées, Mickaël a su magnifier chacun de ces produits. Sans apprêts superflus, en cherchant l'équilibre dans les accompagnements qui sont là pour exhausser la saveur, sans l'étouffer.

Le matin, il est là, avec son équipe pour découvrir les livraisons, vérifier la fraîcheur de chaque poisson, repérer le brillant de l'écaille, le rouge vif de l'ouïe, le côté translucide et bombé de l'œil, et la rigidité du poisson. Un film est placé entre la glace et le poisson pour bien préserver les chairs. Et le chef aux aguets apprend alors aux jeunes qui découvrent le métier à lever les filets, à désarêter, avant d'utiliser un mode de cuisson particulier : grillé, vapeur, poché, meunière ou rôti... Une règle d'or sévit en salle : les serveurs montrent le turbot entier ou le crabe royal vivant au client pour suggérer le désir.

REPÈRES

1975 _ Naissance le 14 août à Soissons, France.

1993 _ Premier stage de deux mois en cuisine dans un Relais & Châteaux à Fère-en-Tardenois (Aisne). Rencontre déterminante avec le chef **ÉRIC BRIFFARD**. Puis devient commis de cuisine au Méridien Paris Étoile auprès du chef **MAURICE BRAZIER**.

1994-1995 _ Fait son service national à Saint-Denis de la Réunion comme responsable des buffets et des réceptions au sein de l'État-Major.

1995-1996 _ Premier commis de cuisine à l'hôtel restaurant de l'Abbaye-Saint-Michel Tonnerre (Yonne) auprès du chef **CHRISTOPHE CUSSAC** (2 étoiles au Michelin).

1996-1997 _ Premier commis de cuisine au restaurant de l'Hôtel Prince de Galles à Paris, auprès du chef **PIERRE-DOMINIQUE CÉCILLON** (1 étoile au Michelin).

1997-1998 _ Premier commis de cuisine dix-huit mois au restaurant de l'hôtel Plaza Athénée à Paris, où il retrouve le chef **ÉRIC BRIFFARD** (2 étoiles au Michelin).

1998-2000 _ Devient chef de partie pendant vingt mois à la Côte-d'Or, à Saulieu auprès du chef **BERNARD LOISEAU** (3 étoiles au Michelin).

2000 _ Chef de partie au restaurant de l'hôtel Majestic à Cannes auprès du chef **BRUNO OGER** (1 étoile au Michelin).

2000-2001 _ Chef de partie à Strasbourg au restaurant Buerehiesel auprès du chef **ANTOINE WESTERMANN** (3 étoiles au Michelin).

2001-2003 _ Retour à Paris pour être sous-chef de cuisine au restaurant Il Palazzo du Normandy Hotel (1er) auprès de **THIERRY BAROT**, rencontré au Plaza Athénée. En novembre 2002, il obtient le 1er Prix du XVIIe Trophée du Coq Saint-Honoré.

2003-2008 _ Devient pour la première fois chef de cuisine et directeur général adjoint associé du restaurant Cap Seguin, sur les bords de Seine à Boulogne.

2007 _ Participe à la demi-finale du MOF (Meilleur Ouvrier de France) cuisine, et obtient la note de 14,96.

2008 _ Chef de cuisine du restaurant Antoine, 10 avenue de New York (Paris 16e), ouvert le 14 novembre par **ANTOINE VIGNERON**, ancien directeur de salle à l'hôtel Le Bristol.

2009 _ Antoine reçoit la récompense de « Restaurateur de l'année » dans le guide *Pudlo Paris 2010*.

2010 _ Remporte le 5e Trophée Jacquart de l'« Étoile montante de la gastronomie française », décerné par un jury de journalistes gastronomiques à un chef de moins de 35 ans.

DONNER DU SENS [À LA CUISINE]

Dans son vaisseau amiral, Mickaël Féval, secondé par Vincent Gillot (familiarisé aux produits de la mer avec un passage remarqué chez Goumard), dirige une brigade offensive. Sa cuisine, ergonomique, conçue au millimètre pour la rendre la plus opérationnelle qui soit, ouverte sur la salle, est d'une belle transparence. Elle laisse percevoir au premier rang les chefs de partie (légumes, poissons et entrées) en pleine action. *« Je reste toujours dans l'instinct, l'humeur du moment »*, clame-t-il, ne refusant jamais l'élaboration de plats sur mesure. C'est ce qu'il appelle du *« hors carte »*. Il a appris à faire plaisir, et avec Antoine Vigneron, ils savent que le client est roi, formule qui dans leur bouche signifie : *« il faut s'adapter aux appétits du client »*. En cuisine, Mickaël et son équipe sont bien armés pour cuire à façon : plancha, grillé, frit ; et salamandre, tunnel vapeur pour les cuissons rapides, four à air pulsé, piano... Le chef revisite les grands plats de poissons en les associant à des garnitures épurées : tronçon de turbot grillé, écrasé de pommes de terre rattes aux olives taggiaches et tomates confites ; filet de pageot rôti et légumes croquants, sauce vierge ; sole de petit bateau de Vendée (600 g) cuite meunière, cocotte de légumes étuvés ou purée de rattes, le tartare de flétan blanc, concombre, pomme Granny Smith et sauce à l'oseille sauvage... Si le maître mot du chef est « précision », petit frère de « rigueur », il y en a un autre qui est soigneusement rangé dans son vocabulaire quotidien : « accord ». Au même titre que Micaël Morais, le sommelier (venu de l'hôtel Meurice) qui associe un Saint-Péray « Les Pins » 2008 (roussanne et marsanne) de chez Bernard Gripa, vin subtilement fruité avec le *skrei* de Norvège façon brandade, Mickaël Féval choisit d'accompagner ce plat de panais et de copeaux de truffe noire. Alliance généreuse et novatrice.
Aimant les déclinaisons, Mickaël créera à l'occasion du livre et de ses voyages en Norvège un cabillaud « façon *gravlaks* », une variante de la recette traditionnelle de saumon mariné (*« gravlaks »* en norvégien). Il le propose aussi poché comme une bouillabaisse, servi avec de la rouille au safran du Quercy. À moins qu'il ne le serve également fumé aux baies de genièvre avec une émulsion d'aquavit ! Et puis, on ne peut évoquer la manière de faire du chef sans évoquer son étonnant mérou noir au lait de coco & citron vert ou sa fameuse bouillabaisse de petite pêche Sud & Ouest (le plat de référence du restaurant) audacieuse et savoureuse, alliance magique de grondin, saint-pierre, loup, lotte, rouget, le tout baignant dans une soupe safranée, avec à part, un compressé de pommes de terre, fenouil et tomates confites.
Même allégorie des accords avec les desserts de François Régien, qui prolonge ces appétits de mer en composant des arpèges sucrés tout en harmonie : le blanc soufflé framboise et sorbet cassis ; les chocolats noirs grands crus, déclinés en chaud et froid ; ou le soufflé chaud au citron vert, sauce caramel citron et citron Perrier. Mickaël Féval démontre ainsi avec délicatesse que la cuisine dans son ensemble est un art de la graduation. Une montée chromatique vers la perfection, en quelque sorte.

DES PRODUCTEURS [À LA RECHERCHE DE LA QUALITÉ]

Enfin, le chef met un point d'honneur à fidéliser ses fournisseurs qu'il connaît comme des amis : le maraîcher Joël Thiebault qui, en voisin, propose ses légumes chaque semaine au marché de l'Alma ; le pépiniériste Michel Bachès pour ses agrumes, à Eus (Pyrénées-Orientales), au pied du Mont Canigou ; la famille Bastelica, installée sur la colline de Source dans le Gers, pour ses asperges, ses tomates, ou ses herbes aromatiques. Ou encore les figues des pépinières Baud, dans le Vaucluse ou les fraises des bois de chez Rolande Most, cette dernière utilisant le purin d'orties comme engrais biologique ; le beurre de chez Jean-Yves Bordier (qui sale à la demande) à Saint-Malo, la fleur de sel de Philippe Constant, créateur de « Terre de sel » à Guérande. Côté poissons et crustacés, le chef privilégie les frères Raffin, mareyeurs à Saint-Gilles-Croix-de-vie ou le capitaine Emmanuel Avrila, avec qui il monte en mer sur son bateau parfois pendant dix heures d'affilée pour pêcher des bars ou des merlans de ligne, selon la saison. Il faut ajouter la société DIMA à Saint-Jean-de-Luz pour les truites et les saumons sauvages de l'Adour ou les poissons de ligne : maigre et beryx ; Gilles Cabon à Loctudy, pour la raie, la lotte, le cabillaud entier et le homard des îles Glénan, et bien sûr les produits de la mer de Norvège.
« Pour moi, des grands chefs comme Joël Robuchon, Alain Ducasse ou Bernard Loiseau ont ouvert la voie car ils ont transmis leur passion du produit en mettant en avant leurs fournisseurs, ces producteurs qui nous sont chers. Je ne peux faire ce métier sans le respect que je leur dois. Et puis comme je suis aussi un instinctif, je fais les choses comme je les sens, sans cesse en compétition avec moi-même, tout en me donnant quelques challenges de temps en temps. »

« Aller à la rencontre des producteurs, renchérit Mickaël, *c'est aussi tendre vers un certain esprit d'équipe : respecter les artisans qui vous apportent leurs productions, c'est donner du sens à la cuisine de l'échange. »* Justement, à propos d'échange, le chef a tissé un lien particulier et indéfectible avec Alain Cohen, qui défend la grande enseigne installée à Rungis, Les vergers de Saint-Eustache. *« Il est un lien entre les producteurs et moi ; grâce à sa grande ouverture sur les régions à travers ses contacts toujours fiables, cet* "artiste dans l'âme" *porte bien le surnom que je lui ai donné : le marabout des légumes. »* Derrière ses fines lunettes et son regard d'homme aux aguets, Mickaël Féval a le profil d'un capitaine qui sait manier la grand-voile par beau temps comme par gros temps. On pourrait le surnommer aisément « poisson-pilote ». Car cet amoureux de la mer est un guide, un passeur, un voyageur tout terrain, de la Bourgogne à l'Arctique.

ABAISSER _ Étendre une pâte à l'épaisseur voulue à l'aide d'un rouleau à pâtisserie sur un plan de travail fariné. La pâte est alors appelée « abaisse ».

ANGLAISE _ Mélange à base d'œufs battus, d'huile, de sel et de poivre, utilisé avant de paner divers aliments à la chapelure.

APPAREIL _ Nom professionnel donné au mélange de différents ingrédients nécessaire à la réalisation d'une pâte, d'une crème ou de toute autre préparation culinaire.

BARIGOULE _ (à la) Se dit d'artichauts farcis et braisés. Recette paysanne du nom provençal d'un champignon.

BEURRE CLARIFIÉ _ Beurre que l'on a chauffé doucement au bain-marie afin d'en séparer les composants. Les impuretés remontent à la surface et le petit-lait se dépose au fond. On récupère la matière grasse pure qui se trouve entre les deux.

BEURRE NOISETTE _ Chauffer doucement du beurre dans une casserole pour obtenir une coloration dorée et un parfum de noisette. Si on ajoute un jus de citron et un peu de persil haché, cela donne un beurre meunière (ex. la sole meunière). Le beurre noisette est également utilisé en pâtisserie dans un appareil à cakes ou à financiers.

BEURRE POMMADE _ Couper en petits morceaux du beurre, le faire ramollir à température ambiante afin de pouvoir le mélanger à d'autres ingrédients (ex. feuilletage ou beurre maître d'hôtel qui accompagne les poissons grillés ou frits).

BLANCHIR _ 1/ En pâtisserie : travailler vigoureusement des jaunes d'œufs et du sucre jusqu'à ce que le mélange soit blanc et mousseux. 2/ En cuisine : plonger un produit dans de l'eau bouillante salée et le rafraîchir ensuite dans de l'eau glacée.

BOUILLABAISSE _ Plat de poissons bouillis de la cuisine provençale, spécialité de Marseille. À l'origine, plat réalisé par les pêcheurs dans un grand chaudron sur la plage fait de poissons qui ne pouvaient être vendus sur le marché. « *Quand ça bouille, tu abaisses le feu, parce que ça doit cuire lentement.* »

BRUNOISE _ Légumes ou ingrédients taillés en petits dés de 2 mm de côtés.

CARDINALISATION _ Changement de couleur des crustacés comme le homard ou la langouste lors de la cuisson. Ils deviennent plus ou moins rouge vif, comme la robe d'un cardinal.

CHINOIS _ Passoire conique munie d'un manche. Chinois étamine : passoire conique avec une grille très fine.

CISELER _ Couper les oignons ou les échalotes en petit dés ou tailler les herbes en fines lanières.

CRÈME AIGRELETTE _ Dans un bol, mélanger 25 cl de crème liquide, le jus d'un demi-pomelos, une pincée de sel, une pincée de piment d'Espelette. Mélanger le tout. L'acidité du pomelos va légèrement coaguler la crème, la figer, lui donner de la consistance et bien sûr du goût.

CUILLÈRE À POMME PARISIENNE _ Couteau de décoration doté d'un cuilleron rond, parfois cannelé, qui sert à prélever des boules dans les fruits ou légumes.

CUIRE À L'ANGLAISE _ Dans une eau salée bouillante, cuire un légume et stopper sa cuisson dans une eau glacée.

CUISEUR VAPEUR _ En remplacement du cuiseur vapeur, il est possible de pocher le poisson dans une casserole remplie d'eau salée.

DÉGLACER _ 1/ Arrêter une coloration lors d'une cuisson en versant un liquide (ex. verser un verre de vin blanc dans la casserole lors de la cuisson des artichauts). 2/ Verser un liquide (ex. un verre de vin blanc dans le plat d'un poulet rôti juste sorti du four), afin de décoller les sucs de cuisson et ainsi réaliser un jus.

DÉTREMPE _ Pâte à base de farine, d'eau et de sel constituant le point de départ à la confection de certaines pâtes telles que la pâte feuilletée.

ÉBARBER _ Couper avec des ciseaux les nageoires d'un poisson cru. Enlever les barbes (cartilage) des poissons plats servis entiers (soles, turbots, barbues) qui leur servent de nageoires.

ÉCAILLER _ Débarrasser le poisson de ses écailles, à l'aide d'un écailleur, sorte de grattoir. À défaut utiliser un couteau de salle.

ÉMINCER _ Couper des fruits, légumes, viandes ou poissons en lamelles régulières.

EMPORTE-PIÈCE _ Ustensile en acier inoxydable de diverses formes permettant de découper rapidement et régulièrement des abaisses de pâte, ou de mouler des préparations, comme le tartare.

ÉMULSION _ Action de faire rentrer de l'air dans une sauce à l'aide d'un mixeur plongeant, légèrement incliné à la surface du liquide chaud afin d'obtenir une consistance aérienne et délicate.

ESCABÈCHE _ Marinade froide de Méditerranée surtout utilisée pour les petits poissons.

ESPUMA _ Mousse légère obtenue en ajoutant de la gélatine à un liquide que l'on passe ensuite au siphon. Baptisée par Ferran Adrià, espuma signifie « écume » en catalan. Laisser le siphon toute la nuit au frais avant de faire une espuma.

FAIRE SUER _ (échalotes, oignons...) Cuire dans un corps gras sans coloration, à feu doux, pour faire sortir l'eau de végétation et concentrer le goût.

FLEURER _ Saupoudrer la table de travail d'une légère couche de farine afin que la pâte ne colle pas.

FOND BLANC DE VOLAILLE _ Mettre 1 kg de carcasse et d'ailerons de volailles ainsi qu'une garniture aromatique dans une grande casserole. Recouvrir d'eau froide et porter à ébullition. Écumer et laisser cuire à feu doux 1h. Dégraisser (retirer la graisse à la surface) et passer au chinois fin. À utiliser dans les 48h.

FUMET DE POISSON _ Dans une casserole d'eau, cuire 20 min les arêtes et les têtes de poisson, avec un verre de vin blanc, un bouquet garni (queues de persil, thym, romarin, laurier) et une garniture aromatique (carotte, oignon, céleri branche...). Pour cela, se faire offrir par son poissonnier les diverses arêtes qu'il possède (sole, turbot, bar).

GLACER _ (un légume) L'enrober à chaud à l'aide d'un peu de liquide (eau, vin blanc, vin rouge...) et d'une belle noix de beurre en remuant légèrement pour obtenir une brillance.

GRAVLAKS _ Spécialité culinaire scandinave à base de saumon mariné au sel, sucre, poivre blanc, aneth et, selon les régions, de purée de betteraves, vodka ou cognac...

HABILLER UN POISSON _ Consiste à l'ébarber, l'écailler, le vider et le laver. L'habillage varie selon la taille et la forme du poisson. Pour une sole portion on n'enlève que la peau noire tandis qu'une sole à fileter n'est pas ébarbée mais débarrassée de ses deux peaux.

JULIENNE _ Tailler des légumes en bâtonnets de 2 mm de côté sur environ 5 cm de long.

MANDOLINE _ Ustensile qui sert à tailler des légumes ou fruits en lamelles, julienne ou chips.

MONDER UNE TOMATE _ Retirer le pédoncule des tomates, les retourner et les inciser en croix. Les plonger quelques secondes dans une eau bouillante. Les déposer dans une eau glacée. Les sortir et retirer la peau à l'aide d'un couteau d'office.

MONTER _ Battre au fouet à main ou électrique des blancs d'œufs, de la crème ou un appareil sucré pour que sa masse emmagasine une certaine quantité d'air. La masse augmente ainsi en volume et prend une consistance différente.

MONTER AU BEURRE _ (potage, sauce) Mettre une belle noix de beurre dans une sauce pour la rendre brillante et onctueuse.

MOUILLER À HAUTEUR _ Remplir le récipient d'eau afin de couvrir tous les ingrédients.

PARER _ Supprimer les parties non utilisées d'un poisson, d'une viande, d'un légume ou d'une pâte.

RÉDUIRE UN JUS _ Diminuer le volume d'un jus par évaporation pour augmenter ses saveurs et obtenir une consistance onctueuse et nappante.

ROUX _ (faire un) Préparation qui sert à lier les sauces. Mélange de farine et de beurre en proportions égales et cuit plus ou moins longtemps dans une casserole selon la coloration souhaitée (blanche, blonde ou brune).

ROUILLE _ Sauce provençale au safran, piment d'Espelette, ail, pulpe de pommes de terre et huile d'olive.

[SUITE DU **GLOSSAIRE**]

SAUCE WORCESTERSHIRE _ (dite sauce anglaise) Pour les ragoûts, potages, vinaigrettes, tartares.
SUPRÊMES _ (pelé à vif) Segments ou quartiers d'agrumes, débarrassés de leur peau et de leurs membranes. C'est également le nom donné au blanc de volaille.
TOMATES CONFITES _ Laver, monder et éplucher les tomates. Les tailler en 4, retirer les pépins et les placer sur une plaque à cuisson recouverte de papier sulfurisé. Assaisonner d'huile d'olive, de sel, de sucre glace et d'herbes de Provence. Mettre au four à 90°C pendant 1h30 à 2h. En cours de cuisson les retourner. Les sortir et servir en salade ou en décoration sur un poisson.
TORRÉFIER _ (café, cacao, graines de sésame, amandes, noisettes...) Chauffer 1 à 2 min sans matières grasses dans un four ou une casserole afin de faire ressortir les arômes et apporter un léger goût de grillé.
TOURNER LES ARTICHAUTS _ À l'aide d'un petit couteau, éplucher les artichauts de haut en bas en allant de la queue vers le cœur. Pour le cœur, tourner autour afin de couper les feuilles. Obtenir la forme de l'artichaut poivrade.
VÉRIFICATION D'UNE CUISSON _ À l'aide d'une grande et longue aiguille (de mercerie), piquer à cœur. Attendre 20 sec. Ressortir l'aiguille et la poser sur la lèvre. Celle-ci étant très sensible à la chaleur, elle est le meilleur indicateur de température. L'aiguille doit être légèrement chaude (si l'aiguille est trop chaude, le poisson est trop cuit). Le poisson doit être entre 45 et 50°C à cœur.

//////// THERMOSTAT

	température / chaleur
TH 1	90 à 100°C / légère
TH 2	110 à 120°C / tiède
TH 3	130 à 140°C / douce
TH 4	150°C / modérée
TH 5	160°C / modérée plus
TH 6	170°C / moyenne
TH 7	180°C / chaude
TH 8	190°C / très chaude
TH 9	200°C / vive
TH 10	230°C / très vive

//////// ÉQUIVALENCE [DES POIDS]

kilogramme	hectogramme	décagramme	gramme
1 kg	= 10 hg	= 100 dag	= 1000 g
0,500 kg	= 5 hg	= 50 dag	= 500 g
0,250 kg	= 2,5 hg	= 25 dag	= 250 g
0,100 kg	= 1 hg	= 10 dag	= 100 g
0,010 kg	= 0,10 hg	= 1 dag	= 10 g
0,001 kg	= 0,01 hg	= 0,1 dag	= 1 g

//////// ÉQUIVALENCE [DES VOLUMES]

litre	décilitre	centilitre	poids
1 litre	= 10 dl	= 100 cl	= 1 kg
0,75 litre	= 7,5 dl	= 75 cl	= 750 g
0,5 litre	= 5 dl	= 50 cl	= 500 g
0,25 litre	= 2,5 dl	= 25 cl	= 250 g
0,10 litre	= 1 dl	= 10 cl	= 100 g
0,05 litre	= 0,5 dl	= 5 cl	= 50 g

//////// ÉQUIVALENCE [DES MESURES]

une cuillère à soupe	= 0,015 litre ou 1,5 cl
un bol ordinaire	= 0,5 litre
une assiette creuse	= 0,25 litre

une cuillère à café de sel fin	= 8 g
une cuillère à soupe de farine	= 10 g
une cuillère à soupe de sucre semoule	= 15 g
un œuf	= 50/60 g
un jaune d'œuf	= 20/25 g
un blanc d'œuf	= 30/35 g
32 blancs d'œufs	= 1 litre
20 œufs entiers	= 1 litre

//////// DENSITÉ [DES LIQUIDES]

1 litre d'eau	= 1 kg	(pour une eau à 4°C)
1 litre d'huile	= 0,92 kg	
1 litre de vin	= 0,99 kg	
1 litre de lait	= 1,03 kg	

un site internet
avec des vidéos

retrouvez-le sur le site [www.hinoki-editeur.com]

UN SITE INTERNET
prolongement
du livre
[avec des recettes supplémentaires]

//////// **DES INTERVIEWS**
//////// **DES PHOTOS**
//////// **DES REPORTAGES**
//////// **DES ADRESSES**
//////// **DES FILMS**
//////// **DES RECETTES**
//////// **DES ANIMATIONS**
//////// **DES CONSEILS**

Les adresses de poissonneries où se procurer les produits de la mer de Norvège sont disponibles sur le site du livre, ainsi que nombre d'autres adresses de fournisseurs.

---

télécharger le logiciel gratuit mobiletag, pour flasher ce code et accéder à notre site

pour accéder aux bonus :
[identifiant : gravlaks][mot de passe : recette5]

ou aller directement sur le site :
[www.hinoki-editeur.com]

JE DÉDIE CE LIVRE À MA FILLE NINA

JE REMERCIE TOUT PARTICULIÈREMENT...

antoine vigneron, les vergers saint-eustache, la famille bastelica, michel et bénédicte baches, les vêtements clément, philippe constant, pomona... et claire baaklini, laetitia lacourt, laure vignon

DIRECTION emmanuelle jeu
DIRECTION ARTISTIQUE stéfan
RECETTES mickaël féval
PHOTOGRAPHIES tom haga
STYLISME orathay souksisavanh
RÉDACTION gilles brochard & emmanuelle jeu
CORRECTION julie wullems, evelyne nobre
SITE INTERNET philippe monfouga
CONSEIL ÉDITORIAL maria grimstad, johan kvalheim, norvegian seafood export council [www.poissons-de-norvege.com]

À TOUTE L'ÉQUIPE [DU RESTAURANT]
vincent gillot, ryunosuke naito, florian rigaudière, marjorie alloucherie, lucas tozatto, clément vassallo, julien courtin, françois régien, ayako masaki, sébastien rival et toute l'équipe de salle

PHOTO [EN NORVÈGE]
lyngen reker, nordic group, leröy delico, troika seafood, henningsvær bryggehotell, leif johansen & co AS / joker henningsvær

STYLISME [À PARIS]
jl coquet [www.jlcoquet.com]
carrelages des suds [www.carrelages-des-suds.com]
ac matière [www.acmatiere.fr]
conran shop [www.conranshop.fr]

COPYRIGHT PHOTO
tom haga _ p. 6,7,8,9,10,11,12,13,14,15, 32,33,42,43,44,45,46,47,52,54,56,58,60,62,64,68, 73,75,77,79,81,83,85,87,89,91,93,95,97,99,101,103,105, 107,109,111,113,115,117,119,121,123,125,127,129,131, 133,134,135,136,140,144, couv.
ukjent _ p.18
ernst schwitters _ p.22,23,24,25
mitsunoba ura _ p.26
jean gaumy, magnum photos _ p.28,29
kjell ove storvik _ p.30(2),31(1/2)
per eide _ p.40
lauritzen & westhammer _ p.66-67
dr _ p.30(1),31(3),38,39

Cet ouvrage a été imprimé en octobre 2010 en Espagne
Dépôt légal : 3e trimestre 2010
ISBN 978-2-918790-02-0